2

IRVING FISHER

L'illusion de la monnaie stable

*Conférences faites à l'été 1927 à l'École
internationale de Genève*

Préface de Francis Delaisi.

OMNIA VERITAS

IRVING FISHER

L'ILLUSION DE LA MONNAIE STABLE

Conférences faites à l'été 1927 à l'École internationale de Genève

Première publication en 1929.

Omnia Veritas Ltd

www.omnia-veritas.com

TABLE DES MATIÈRES

Ce livre résume des conférences faites pendant l'été de 1927 à l'École Internationale de Genève.

Il a pour but de démontrer l'instabilité du pouvoir d'achat de tous les étalons monétaires, dollar compris, les causes secrètes qui la produisent, les dommages qui en résultent et les divers remèdes qui ont été essayés ou proposés. Son dessein n'est pas de recommander un remède plutôt que l'autre, mais de soumettre le problème au lecteur et spécialement à l'homme d'affaires.

Les personnes qui désireraient approfondir ce sujet trouveront une courte bibliographie dans le supplément. Tous les livres mentionnés dans le texte figurent dans cette bibliographie.

Irving Fisher

Université de Yale
New Haven, Connecticut

PRÉFACE

SIMPLE ENTRETIEN AVEC UN INDUSTRIEL FRANÇAIS

de Francis Delaisi
Juin 1929

J'ai voulu faire lire ce livre par un industriel de mes amis, homme fort cultivé, mais absorbé par d'importantes affaires.

Inutile, m'a-t-il répondu. Le titre m'en dit assez. Je veux bien admettre, puisque votre savant professeur américain l'affirme, que « l'étalon d'or est une illusion ». Mais, entre nous, cela m'est tout à fait indifférent. Il me suffit de savoir, si je vends une marchandise à l'étranger, que son prix en dollars me procurera toujours la même quantité de francs ; et, que, si je fais un dépôt en francs dans une banque ou un prêt à une entreprise, je retrouverai à l'échéance, l'exact équivalent de ce que j'aurai prêté. En fait, depuis que le franc-papier est redevenu convertible en or, la sécurité de mes transactions, dans le temps comme dans l'espace, est assurée. Alors, que m'importent ces discussions sur l'étalon, la « valeur », etc., etc... Ce sont des spéculations d'économistes qui peuvent mettre en valeur l'ingéniosité d'un théoricien désireux d'entrer à l'Institut. Mais elles sont sans portée pratique.

Et, comme je reposais mon livre, un peu déçu, il ajouta :

- Ah ! si votre éminent professeur américain, au lieu de s'attarder à des problèmes monétaires désormais résolus, occupait son talent à nous expliquer pourquoi, depuis quelques mois, notre balance commerciale est devenue brusquement déficitaire, voilà qui nous rendrait service ! Car enfin la situation devient inquiétante : nos exportations diminuent, à la fois en poids, et en valeur - par contre nos importations augmentent. Les statistiques douanières accusent chaque mois un déficit considérable, que ni le revenu de nos capitaux à l'étranger, ni les dépenses des touristes ne parviennent à combler... Je sais bien que notre change n'est pas en péril. La Banque de France, depuis que la stabilisation a ramené chez nous les capitaux évadés, dispose d'une ample provision de devises. Mais, s'il nous faut cette année payer les 400 millions de dollars des stocks américains, il n'en restera plus guère. Cette situation ne peut pas durer.

- Et comment l'expliquez-vous ? demandai-je.

- Précisément, je ne me l'explique pas. Les prix sur le marché mondial n'ont pas changé sensiblement ; le coût des transports est le même, le crédit est facile, et les tarifs douaniers des autres peuples sont restés invariables - du moins jusqu'à présent. C'est à n'y rien comprendre. Le Président de la Commission des Douanes a demandé à l'administration de faire une enquête...

- Fort bien ! Mais si la cause du mal n'est pas,

comme vous le dites, dans les conditions du trafic, ne pourrait-on la chercher dans un phénomène monétaire, - et par exemple dans une variation de la valeur de l'or.

- Que voulez-vous dire ? l'or ne peut pas changer de valeur puisqu'il est lui-même, par définition, l'étalon de toutes les valeurs.

- C'est précisément la question, répliquai-je. Et voilà pourquoi il serait peut-être utile de lire le livre du professeur Irving Fisher.

- Ainsi, votre Américain prétend que l'or n'est pas un étalon ?

- Ce n'est pas à moi de refaire sa démonstration. Vous verrez qu'elle s'appuie sur des faits et conduit à l'évidence. Pour la commodité des échanges, il est convenu que la valeur des objets s'exprime en or. Réciproquement la valeur de l'or doit s'exprimer par la quantité d'objets qu'il peut procurer, c'est-à-dire par son pouvoir d'achat. Pour le mesurer, on fait le total des prix des marchandises les plus fréquemment échangées en un lieu et à un moment donné, et celui des mêmes marchandises en un autre lieu ou à un autre moment, et l'on calcule le pourcentage.

- Je sais, dit l'industriel, c'est la méthode des nombres-indices.

- Eh bien ! si vous consultez les indices du dollar, établis par le *Federal Reserve Board* américain, vous constatez qu'il faut verser aujourd'hui en moyenne $ 138,5 pour avoir la même quantité de marchandises qu'on obtenait en 1914 pour $ 100. C'est donc que le dollar ne vaut plus maintenant 100 cents (en marchandises) comme autrefois, mais seulement 100 : 138,5 = 72 cents. Et pourtant le dollar-papier n'a jamais cessé d'être échangeable à la Banque contre la même quantité d'or. L'or s'est donc en réalité déprécié.

- Je le veux bien. Mais c'est un phénomène accidentel dû à la guerre.

- La guerre assurément y est pour quelque chose. Mais le professeur Irving Fisher vous montrera qu'en fait, bien avant 1914, le pouvoir d'achat du dollar a varié dans des proportions tout aussi grandes, même quand sa valeur-or demeurait constante.

Si maintenant vous considérez les indices des prix-or dans les principaux pays d'Europe, tels qu'ils figurent au *Bulletin de statistique* de la Société des Nations, vous verrez qu'ils sont (février 1929) à peu près au même niveau en Angleterre (138,3) et en Allemagne (139,9) ; mais beaucoup plus élevés en Suisse (143) et en Hollande (148) ; et beaucoup plus bas en France (126,7) et en Belgique (123,2).

Cela montre que si l'or, (en pouvoir d'achat) s'est partout déprécié depuis la guerre, il s'est déprécié de façon fort inégale. Aujourd'hui le même poids d'or qui donnait en 1914, pour 1 dollar de marchandises, n'en procure plus que pour 72,2 cents aux États-Unis, 70 en Suisse, 67,5 en Hollande, alors qu'il en donne pour près de 79 en France, et plus de 81 en Belgique. Si maintenant vous représentez par 100 la valeur actuelle (en marchandises) du dollar aux États-Unis (soit 72,2 cents du dollar de 1914) vous constaterez que la valeur (en marchandise) du même poids d'or est la même (à 1% près) en Angleterre et en Allemagne mais qu'elle est seulement de 93,4% en Hollande, 96,8 % en Suisse, alors qu'elle atteint 109,2% en France, et 112,3% en Belgique.

- Soit, dit l'industriel ; mais quelle influence cela peut-il avoir sur la marche des affaires ?

- J'y arrive. Imaginez plusieurs exportateurs qui vendent sur le marché international une même sorte de marchandise. La concurrence les obligera à la céder sensiblement au même prix. Comme ils seront payés en devises, ils recevront exactement la même quantité d'or, soit 100 dollars. Avec cette somme, l'Américain pourra dans son propre pays se procurer pour 100 dollars de marchandises ou de salaires : mais le Hollandais, avec la même somme en or, n'en trouvera que pour 93,4 dollars et le Suisse 96,8 tandis que le Français en tirera l'équivalent de 109,2 dollars et le Belge 112,3.

Autrement dit, la différence des pouvoirs d'achat de l'or impose au Hollandais une infériorité d'environ 6% par rapport à l'Américain (ou à l'Anglais, ou à l'Allemand) alors qu'il assure un avantage de 9,2% au Français, et de 12,3% au Belge.

Dans ces conditions, le Hollandais aura de la peine à maintenir ses prix au niveau de son concurrent américain. Quant au Français ou au Belge, comme ils se procurent pour la même somme sur le marché intérieur plus de produits nationaux et plus de salaires, ils pourront sans difficulté abaisser leurs offres de 2, ou 3, ou 5 dollars. À ce compte, ils auront encore (toutes choses égales d'ailleurs) un bénéfice ; et ils mettront l'Américain (ou l'Anglais, ou l'Allemand) hors de combat.

Comprenez-vous maintenant pourquoi nos ventes à l'étranger ont été, même depuis la stabilisation, si faciles ? nos industriels, par le seul fait de la moindre dépréciation de l'or en France, continuaient de toucher une véritable prime d'exportation.

- Comme au temps de l'inflation.

- Exactement. Savez-vous qu'en octobre 1927, - c'est-à-dire plus d'un an après la stabilisation de fait, - l'écart entre le pouvoir d'achat du dollar aux États-Unis et en France a atteint jusqu'à 25%. À ce compte, le bénéfice provenant de la transformation du dollar en marchandises (sur le marché intérieur) était si grand, qu'il permettait de couvrir à lui seul les frais de transport de l'exportateur, et permettait de franchir les barrières douanières les plus élevées. À ce moment les Américains, en dépit de leurs tarifs, virent nos métallurgistes vendre des tubes d'acier et des machines à la porte de leurs propres usines, et cela explique qu'ils se soient rejetés vers le protectionnisme. Contrairement à toutes les prévisions, en dépit de la stabilisation, nos ventes à l'étranger ont pris un essor inattendu.

- En effet, c'était magnifique !

- Seulement cela ne devait pas durer. À partir du moment où, toutes les restrictions étant supprimées, l'or s'est mis à circuler librement, il est allé tout naturellement vers les pays où son pouvoir d'achat était le plus grand. Les capitaux américains ont afflué vers l'Europe, créant une abondance qui faisait monter les prix sur le Continent. Tout naturellement, quand les entraves artificielles disparaissent, les prix tendent à s'établir partout au même niveau.

Sans doute ils n'y parviennent jamais exactement cela tient à la différence des productions, au coût des transports qui s'ajoute aux prix des marchandises importées, aux tarifs douaniers qui élèvent plus ou moins le coût de la vie. Même avant 1914, le niveau variait d'un pays à l'autre. Mais les écarts étaient faibles et à peu près invariables. Aujourd'hui ils sont encore fort changeants et beaucoup plus grands, mais ils tendent insensiblement à revenir à leur ancien étiage.

En France, par exemple l'index des prix monte lentement, mais de façon continue. C'est dire que le pouvoir d'achat de l'or diminue. Déjà, vous l'avez vu, l'écart avec les États-Unis n'est plus que de 9%. Cela ne suffit plus à compenser les tarifs douaniers ni même le coût des transports. Et ainsi forcément nos exportations diminuent.

- Mais pourquoi nos importations augmentent-elles ? demanda l'industriel.

- Elles subissent les effets de la même loi, mais en sens inverse. Quand l'écart était de 26% un importateur français, pour acheter 100 dollars américains, devait vendre sur le marché français l'équivalent de 126 dollars en marchandises ; c'était lourd. Aujourd'hui il lui suffit d'en vendre l'équivalent de 109, ce qui lui est bien plus facile. Ainsi par la vertu du même phénomène, nos importations s'accroissent, nos exportations diminuent, et le déficit commercial apparaît dans les statistiques. Voilà la raison du singulier renversement de la balance commerciale qui étonne et inquiète actuellement tous nos hommes d'affaires. N'est-il pas vrai qu'il peut être utile de connaître les théories du professeur Irving Fisher ?

- J'en conviens volontiers, dit l'industriel. Mais en somme si je comprends bien, il ressort de tout cela que la stabilisation monétaire n'est pas achevée.

- En effet, on a stabilisé la monnaie de papier par rapport à l'or ; il reste à stabiliser la valeur de l'or en marchandises.

- Est-ce possible ?

- Sans doute. Mais ce n'est pas facile. Dans tous les pays à monnaie saine, les Banques d'émission peuvent mettre en circulation des billets que l'on considère comme sains, pourvu qu'ils soient couverts par des traites représentant des marchandises et par une encaisse-or. Pour que la convertibilité soit assurée, on estime que l'encaisse doit toujours atteindre au minimum 40% du total de la circulation. À condition de ne pas tomber au-dessous de cette marge, les banques peuvent par le moyen de réescompte, accroître ou restreindre à volonté la circulation des billets : dans le premier cas les prix montent, dans le second ils baissent. Et comme le billet, pourvu que la marge de sécurité ne soit pas dépassée, est toujours convertible en or, *elles peuvent faire varier le pouvoir d'achat de l'or, sans que leur encaisse métallique ait changé.*

La Banque de France, par exemple déclarait dans le dernier bilan que j'ai lu, que la proportion de son encaisse au total de ses engagements atteignait 49%. Dans ces conditions elle pourrait facilement émettre plusieurs milliards de billets sans compromettre la convertibilité en or. Toutefois il résulterait une hausse générale des prix à l'intérieur, c'est-à-dire une diminution du pouvoir d'achat de l'or, et par conséquent un stimulant très efficace pour nos exportations.

- Alors, qu'attend-t-elle pour le faire ! s'écria mon industriel.

- Prenez garde, répliquai-je. D'abord tout en rendant service aux exportateurs, elle gênerait considérablement nos importateurs ; et comme les premiers travaillent souvent avec des matières premières achetées par les seconds… D'autre part, même si elle le tentait, tous ses efforts pourraient être réduits à rien. Supposez qu'au moment où la Banque de France décide d'accroître sa circulation, les Banques Fédérales de Réserve américaines s'avisent d'en faire autant : les prix monteront aux États-Unis comme en France et l'écart entre le pouvoir d'achat du dollar à Paris et à New-York restera le même. Et comme les Banques américaines disposent d'une encaisse-or et d'une marge d'escompte beaucoup plus grandes encore que la nôtre, elles sont, quoi que nous fassions, maîtresses du jeu.

- Il faut donc surveiller avec attention la politique d'escompte des États-Unis ?

- Sans doute, et aussi celle de tous les autres pays, car partout où la Banque d'émission peut étendre ou resserrer les crédits, il peut y avoir fluctuation des prix intérieurs et dépréciation invisible de la monnaie.

- Mais, s'écria mon interlocuteur, ne peut-on mettre fin à ces perturbations dangereuses, et stabiliser une fois pour toutes la valeur de l'or ?

- On y songe, répliquai-je. Ce fut une des principales préoccupations des Experts, lors de la fameuse Conférence de Paris. Vous vous rappelez sans doute la *Banque des Paiements internationaux* dont ils ont tracé le plan, et qui doit centraliser les versements des divers gouvernements au titre des Réparations ou des Dettes. Comme elle y ajoutera le produit des emprunts résultant de la « commercialisation », elle disposera de capitaux énormes ; elle pourra donc facilement, par le jeu du réescompte, aider les Banques d'émission des divers pays à stabiliser leurs index. Si elle y parvient, le prix d'un objet ne variera plus qu'en raison de l'offre et de la demande de cet objet, et non plus aussi en fonction de la rareté ou de l'abondance des signes monétaires ; alors, mais alors seulement, le facteur monétaire étant devenu une « constante » n'aura plus aucune influence sur les prix, et l'or sera devenu enfin un « étalon » !

Mais cela ne se fera pas en un jour ; et d'ici là, il faut compter avec des fluctuations, qui pour être sans action sur le cours des changes, n'en auront pas moins une profonde influence sur le commerce international.

Mon interlocuteur resta un moment rêveur...

- En vérité, dit-il la tâche des hommes d'affaires devient toujours plus complexe. Je vois bien que tout chef d'entreprises devrait suivre ces mouvements des prix, et de l'escompte, sur les principales places du monde. Mais comment pourrait-il le faire s'il n'est pas un spécialiste ?

- Rien n'est plus facile, répliquai-je. Depuis longtemps déjà diverses Universités américaines (Yale, Harvard) ou anglaises (Cambridge et Londres), l'Institut de Conjoncture de Berlin, la Statistique générale de la France, ont établi des sortes d'observatoires économiques et construit des index. Malheureusement leur publication mensuelle est trop tardive pour permettre à l'industriel ou au banquier d'en tirer des résultats pratiques.

Alors il s'est créé en Amérique des Sociétés anonymes, munies de capitaux importants, qui se font envoyer, chaque jour par télégraphe, téléphone et même par câble, les cours de plusieurs centaines de produits sur tous les grands marchés du monde ; elles construisent avec ces données des index, et pour couvrir leurs frais, les vendent au public.

- Et on les leur achète ?

- Avec empressement. Ce sont d'abord les Chambres de Commerce, les services centraux des grands Syndicats industriels, métallurgiques, textiles, etc., les Sociétés Foncières, les Sociétés d'Assurances qui engagent en opérations pour de longues années, - et naturellement les Banques. Puis les particuliers eux-mêmes y sont venus : maisons d'exportation et d'importation, industriels qui travaillent pour l'étranger. Aujourd'hui dans toute l'Amérique, il n'y a plus un homme d'affaires sérieux qui n'ait sur sa table l'index des prix-or des différents pays, exactement comme il consultait naguère quotidiennement le cours des changes, au temps de l'inflation. En Angleterre, en Allemagne existent des publications analogues, et je crois même qu'on vient d'en créer une en France. Mais la plus ancienne, je crois, et certainement la plus répandue, ce sont les circulaires de *l'Index-Number Institute,* créé et dirigé par le professeur Irving Fisher.

- Quoi ! l'auteur du livre que voici ?

- Lui-même. M. Irving Fisher, professeur à la *Yale University* de Boston, fut après la guerre, avec le Suédois Cassel, l'Anglais John Maynard Keynes, et quelques autres, un des premiers économistes qui, laissant de côté les vieilles conceptions, donna de la monnaie une définition réaliste. Naturellement on ne les écouta pas tout d'abord. Mais aujourd'hui leurs théories commencent à devenir « classiques ».

Alors le professeur Irving Fisher, a eu l'idée féconde de passer de la théorie à la pratique. Chaque jour, il se fait envoyer par dépêche ou par câble les cours des principaux produits sur tous les grands marchés du monde, et aussi ceux des principales valeurs de Bourse ; ses bureaux établissent des index hebdomadaires ; lui-même les commente en des articles rapides et précis pour en marquer la tendance. Des centaines de banquiers, d'industriels, de commerçants les reçoivent par abonnement. Bien mieux, voyant l'intérêt que le public attachait à ces renseignements, une centaine de journaux américains publient aujourd'hui, les *Index Fisher à* côté de la cote des changes et de la Bourse. En Allemagne, en Angleterre, la presse commence à faire de même.

- Et en France ?

- Chez nous, naturellement on les ignore ; ou bien si quelques-uns s'en servent - vous connaissez nos compatriotes - ils se gardent bien de le dire, afin de garder un avantage sur leurs concurrents mal avertis.

- Mais c'est absurde ! s'écria l'industriel. Si nous continuons à nous débattre ainsi dans la nuit, le commerce français se laissera distancer de plus en plus sur le marché mondial. Il cherchera dans des relèvements de tarifs douaniers - qui provoqueront des représailles - une sécurité que seule la stabilisation de l'or pourrait lui donner. Il faudrait que les Chambres de Commerce, les Banques, et même les Administrations officielles avertissent les chefs d'entreprises de la gravité d'un problème qu'ils ne soupçonnent pas...

- Hé ! dis-je, comment le feraient-elles, si elles ne le soupçonnent pas elles-mêmes. Vous voyez bien qu'il faut d'abord lire - et faire lire - le livre du professeur Irving Fisher...

En vérité, le temps n'est plus où, pour réussir en affaires, il suffisait d'avoir de l'activité, du flair et une bonne administration. De plus en plus l'activité économique sort de l'empirisme pour atteindre à l'âge scientifique.

Voici une première contribution à la « Science des Affaires ».

Francis Delaisi

Juin 1929.

CHAPITRE I

REGARD RAPIDE SUR L'ILLUSION DE LA MONNAIE

INTRODUCTION

Au moment où j'écris, notre dollar vaut à peu près 70 cents ; soit 70% de son pouvoir d'achat d'avant-guerre. En d'autres termes, 70 cents, en 1913, achetaient autant de marchandises que 100 cents en achètent à présent. Notre dollar actuel n'est pas celui que nous connaissions avant la guerre. L'apparence demeure, mais la réalité change incessamment. Le dollar est instable. De même, la livre anglaise, le franc français, la lire italienne, le mark allemand, et tout autre étalon monétaire. Le pouvoir d'achat des monnaies varie ; c'est un grand fait dont découlent d'importants problèmes.

Ces problèmes ont éveillé un intérêt neuf à cause des récents bouleversements de prix provoqués par la guerre mondiale. Cet intérêt, toutefois, se limite en somme encore à quelques spécialistes des études économiques ; le grand public connaît à peine l'existence de ces questions. Pourquoi cela ? Pourquoi avons-nous mis si longtemps à nous apercevoir de problèmes aussi fondamentaux ?

À cause de « l'illusion de la monnaie ». Nous ne voyons pas que le dollar, ou tout autre étalon monétaire, augmente ou diminue de valeur. Nous croyons acquis qu' « un dollar est un dollar », qu' « un franc est un franc », que toutes les monnaies sont stables. De même, voilà des siècles, avant Copernic, on croyait acquis que la terre était immobile et que le lever et le coucher du soleil étaient des réalités. Nous savons maintenant que le coucher et le lever du soleil sont des illusions produites par la rotation de la terre autour de son axe, et cependant, dans notre langage encore, et même dans notre pensée, le soleil continue à se lever et à se coucher.

Il faut qu'un changement analogue se produise dans nos idées sur la monnaie. Nous pensions jusqu'ici à « la cherté de la vie » comme à la montée simultanée des marchandises les plus diverses et sans expliquer cette simultanéité autrement que par une simple coïncidence ; nous verrons au contraire que c'est en réalité le dollar, ou tout autre étalon monétaire, qui change de valeur.

L'ILLUSION DE LA MONNAIE DANS NOTRE PAYS

Chacun de nous, en général, est soumis à l'illusion de la monnaie en ce qui touche la monnaie de son propre pays. La monnaie nationale semble immobile tandis que celle des autres pays paraît changer. Quelque étrange que cela semble, nous percevons la hausse ou la baisse des monnaies étrangères mieux que nous ne voyons les mouvements de notre propre monnaie.

Par exemple, après la guerre, nous autres, Américains, nous nous rendions compte que le mark allemand avait baissé, mais presque tous les Allemands l'ignoraient. Cela fut vrai, en tout cas, jusqu'en 1922. A cette époque, accompagné d'un autre économiste, M. W. Roman, j'étudiais les changements de prix en Europe. M'étant arrêté à Londres avant de passer en Allemagne, j'eus une conversation avec lord d'Abernon, alors ambassadeur de Grande-Bretagne à Berlin :

- Professeur Fisher, me dit-il, vous allez voir que très peu d'Allemands ont idée de la baisse du mark.

- Cela ne paraît pas croyable. Il n'est pas un écolier aux États-Unis qui ignore que le mark a baissé.

Il avait raison, et je m'en aperçus. Les Allemands pensaient que les marchandises avaient monté, que le dollar d'or des États-Unis avait monté. Ils pensaient qu'ayant monopolisé l'or du monde, nous en profitions pour ne le céder qu'à un prix abusif. Ils vivaient et respiraient dans une atmosphère de marks, tout comme nous, en Amérique, vivons et respirons dans une atmosphère de dollars. M. Roman et moi, nous eûmes de longs entretiens avec vingt-quatre hommes et femmes rencontrés au hasard de nos voyages à travers l'Allemagne. L'idée que le mark avait changé n'était venue qu'à l'une seulement de ces vingt-quatre personnes.

Sans doute, toutes les autres savaient que les prix avaient monté, mais, que cette hausse eût quelque lien avec la valeur du mark, cela leur échappait complètement. Elles l'expliquaient par « l'offre et la demande » des autres marchandises ; par le blocus ; par les destructions résultant de la guerre ; par l'accumulation de l'or en Amérique ; par toutes sortes d'autres causes. De même, aux États-Unis, lorsqu'il y a quelques années, nous parlions nous-mêmes de la « cherté de la vie », nous entendions bien rarement exprimer l'avis que cette cherté eût quelques rapports avec un changement dans la valeur du dollar.

J'ai gardé particulièrement le souvenir d'une longue conversation avec une Allemande très intelligente, qui tenait une boutique dans la banlieue de Berlin. Pour la montée des prix, elle donnait toutes sortes de raisons courantes. Quelques-unes d'entre elles enfermaient un grain de vérité, de même qu'il y a un grain de vérité dans l'idée de la réalité du mouvement apparent des étoiles. Mais le fait essentiel de l'effroyable accroissement du volume des marks et de l'action de ce flot de papier-monnaie sur les prix, cette boutiquière allemande n'en avait pas le soupçon. Pendant huit ans, elle avait été la victime des variations du mark, sans se douter de leur cause véritable : l'inflation. Au moment où je parlais avec elle, le mark, du fait de cette inflation, avait perdu 98% de sa valeur ; les prix avaient atteint un niveau cinquante fois plus élevé que les prix normaux ; et pourtant, elle continuait à ne pas comprendre. Craignant d'être qualifiée de profiteuse, elle disait : « Cette chemise que je viens de vous vendre, il va me falloir, pour la remplacer, payer exactement le prix que vous m'avez donné » et avant que je pusse lui demander pourquoi, alors elle me l'avait vendue si bon marché, elle continuait : « Je n'en ai pas moins fait un profit en vous vendant cette chemise, parce que je l'ai achetée pour un prix moindre. »

Elle avait fait, non pas un profit, mais une perte.

C'est « l'illusion de la monnaie » qui lui faisait croire qu'elle avait fait un profit. Elle partait de l'idée que les marks qu'elle avait payés pour cette chemise un an plus tôt étaient de la même espèce de marks que ceux que je venais de lui donner. De même, en Amérique, nous croyons que le dollar est le même à tel instant et à tel autre. Elle avait fait ses comptes dans un étalon fluctuant. En marks, ses comptes donnaient un profit ; si elle les avait traduits en dollars, ils auraient donné une perte notable, et si elle les avait traduits en marchandise, la perte eût été plus grande encore parce que le dollar avait baissé aussi (figure 1).

Nous trouvâmes dans les autres pays cette même croyance complaisante dans la stabilité des monnaies nationales. Autrichiens, Italiens, Français, Anglais, chez tous vivait l'idée que la monnaie n'avait pas varié, mais que le prix des marchandises avait monté.

COMPARAISON ENTRE LES MONNAIES DE DEUX PAYS

Il s'en suit naturellement que, lorsque les nationaux de deux pays possédant des monnaies différentes comparent leurs comptes, il se trouve que leurs idées sont en conflit. Voici un exemple typique. Une Américaine devait de l'argent sur une hypothèque en Allemagne. Vint la guerre mondiale ; pendant deux ans, plus de communications avec ce pays. Elle s'y rendit après la paix avec l'intention de payer son hypothèque. Elle avait toujours pensé à sa dette comme à une dette de 7.000 dollars. C'était, en droit, une dette de 28.000 marks, exprimée en argent allemand. Arrivée chez le banquier qui s'occupait de cette affaire, elle lui dit :

- Je désire payer cette hypothèque de 7.000 dollars.

- Le montant, répondit-il, n'est pas de 7.000 dollars, mais de 28.000 marks ; cette somme fait aujourd'hui à peu près 250 dollars.

- Oh ! dit-elle, je ne veux pas tirer profit de la baisse du mark, j'insiste pour payer 7.000 dollars.

Le banquier ne pouvait comprendre ; il montrait qu'en droit le paiement de 7.000 dollars n'était pas nécessaire, et les scrupules de la bonne dame lui échappaient.

En fait, d'ailleurs, elle-même ne tenait pas compte d'un changement de même nature, bien que d'importance moindre, dans la valeur du dollar. Elle pensait en dollars comme le banquier pensait en marks. Elle insistait pour payer 7.000 dollars au lieu de 250 ; mais elle se fût rebiffée si on lui avait dit que le dollar aussi avait baissé, et que l'équivalent, en pouvoir d'achat, de la dette originaire, n'était pas 7.000, mais 12.000 dollars et que le paiement qu'elle avait à faire était donc de cette dernière somme. C'est elle, alors, qui n'eût pas compris.

Figure I :

Profit illusoire sur la vente d'une chemise

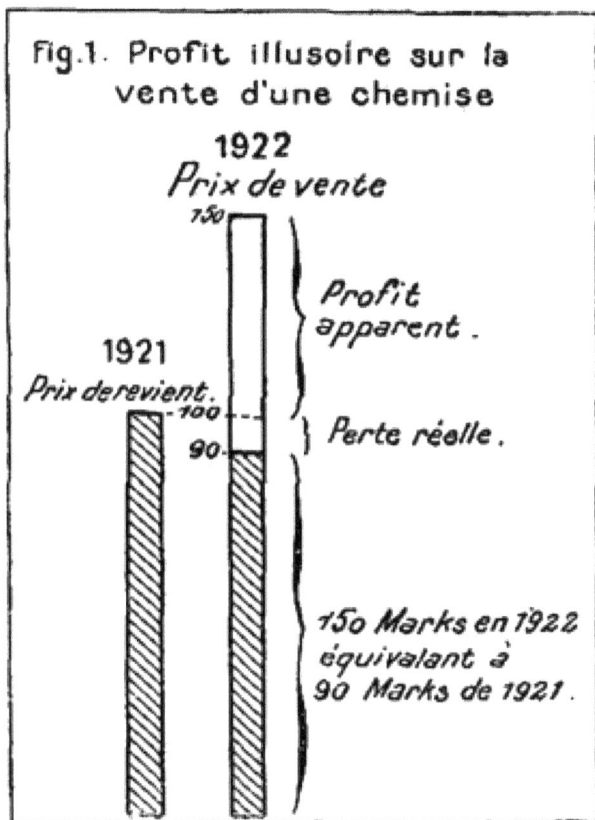

Fig.1. Profit illusoire sur la vente d'une chemise

1922
Prix de vente
150

Profit apparent.

1921
Prix de revient.
100

Perte réelle.

90

150 Marks en 1922 équivalant à 90 Marks de 1921.

L'ILLUSION DE LA MONNAIE EN AMÉRIQUE

Ainsi, nous-même n'échappons pas à « l'illusion de la monnaie ». Un Américain se sent tout à fait perdu s'il essaie de se figurer les variations du dollar. Pour les mesurer, quel instrument ? Le dollar est fixe, puisqu'il représente un nombre fixe de grammes d'or. Il n'est pas fixe, puisqu'il représente une quantité variable de marchandises et de services.

Voilà quelques années, un homme d'affaires américain, d'ailleurs très capable, me dit :

- J'ai gagné beaucoup d'argent et j'ai contribué à diriger beaucoup d'affaires. Personne jusqu'ici n'a parlé devant moi de l'instabilité du dollar comme d'une des causes de nos difficultés économiques ; c'est une idée que je n'envisage pas.

Il est encourageant de noter qu'aujourd'hui beaucoup d'hommes d'affaires ont assez étendu leurs vues pour changer d'attitude sur ce point. En 1925, à une époque où on s'émerveillait des hauts cours atteints par les valeurs de bourse, M. Mellon signala que, si l'on tenait compte de la dépréciation du dollar, les cotes de la Bourse, en réalité, restaient inférieures aux chiffres d'avant-guerre. Il avait raison ; car un dollar déprécié tend à élever les prix des marchandises et des biens en général, y compris les actions qui représentent une part dans la propriété des biens.

Un peu plus tôt au cours de cette même année, Mr, James H. Rand, junior, qui est actuellement président de la Remington Rand, avait signalé le même fait avec plus de détails. Les fluctuations du dollar avaient attiré son attention depuis longtemps, et il avait, à certains moments, tenu deux comptabilités, l'une en prix réels, l'autre transcrite dans les prix qui eussent prévalu si le dollar avait conservé un pouvoir d'achat constant. Il avait ainsi agi pour s'assurer qu'il n'était pas la victime des caprices de la monnaie, comme l'avait été la boutiquière de Berlin. Faute de cette transcription en pouvoir d'achat, nous tous courons grand risque de nous tromper.

En 1919, c'est-à-dire en période d'inflation, un des principaux banquiers eut vent, pour la première fois, de cette transcription en valeur stable. Quand il eut compris la méthode, il sortit un bloc-notes de sa poche et fit quelques calculs :

- Je me vantais, s'écria-t-il, de l'accroissement des dépôts et des prêts dans nia banque. Mais, en tenant compte de la dépréciation du dollar, je vois maintenant que, par rapport à l'avant-guerre, je fais à peu près le même volume d'affaires avec des prix doublés. L'extension dont je me félicitais était une illusion.

La Corporation de l'Acier des États-Unis a la réputation de s'être rapidement développée, et cette réputation est fondée. Mais son développement réel est moindre que son développement apparent parce que, lorsque l'on compare les bilans présents et passés, de la Compagnie, on néglige la dépréciation du dollar. Cette comparaison du développement réel et apparent a été exposée en détail par M. Ernest F. du Brul dans une brochure qui figure au supplément.

APPLICATION AUX CAPITALISTES

Maintenant, appliquez à votre propre cas l'idée de l'instabilité du dollar. Une des actions que vous possédez donnait avant la guerre un dividende de quatre dollars, elle vous en donne cinq maintenant. Peut-être vous flattez-vous de l'idée que votre dividende a augmenté de 25%. Mais considérez ce que vous pouvez acheter avec ce dividende : vous vous apercevrez que votre revenu réel a diminué de 12%.

Faites le calcul. Le dollar d'aujourd'hui, nous l'avons indiqué, vaut 70 cents du dollar de 1913 ; c'est-à-dire qu'il peut acheter environ 70% des marchandises qu'achetait en moyenne le dollar d'avant-guerre. Ramenez vos cinq dollars de dividende aux dollars de 1913. Puisque chaque dollar ne vaut que 70 cents d'avant-guerre, vous n'avez aujourd'hui que cinq fois 70 cents, soit trois dollars cinquante d'avant-guerre. L'action qui vous donnait quatre dollars ne vous donne plus que trois dollars et demi de même pouvoir d'achat.

Deux auteurs spécialisés dans l'étude des affaires de banque et de courtage ont récemment montré l'effet de ces variations pour le capitaliste américain. Ils ont publié le résultat de leur enquête dans deux livres excellents : *Placements à longs termes en* actions, par Edgar Lawrence Smith, et *Placements en pouvoir d'achat,* par Kenneth Van Strum. Ces deux hommes, suivant des méthodes indépendantes, ont secoué la routine de bien des capitalistes en montrant que l'obligataire ne possède pas nécessairement, même dans notre pays, un titre sûr, si on le mesure par son pouvoir d'achat. Si certains que vous soyez de recevoir le dollar qui vous a été promis, vous n'êtes pas certains du tout de la valeur qu'aura ce dollar au moment où vous le recevrez. Les auteurs précités ont constaté que, parfois, l'obligataire, au lieu de toucher un intérêt, subissait en réalité une perte en pouvoir d'achat. Il perdait une partie de son capital, mais, comme la boutiquière allemande, il ne le savait pas.

L'OR EST-IL STABLE ?

L'illusion de la monnaie règne même dans les pays

qui ont perdu l'étalon d'or et n'ont plus qu'une monnaie de papier, et où, cependant, les hommes d'affaires constatent la variation incessante de la cote, par rapport à l'or, de leur ancienne monnaie, mark, franc, couronne, etc., et de la cote des monnaies étrangères. Elle est naturellement plus puissante encore dans les pays à étalon d'or, où l'attention n'est pas attirée par les variations que je viens de dire. Et même, l'absence de ces variations est signalée avec orgueil, comme la preuve de la stabilité de la monnaie.

Une façon d'exprimer cette preuve est d'indiquer que le « prix de l'or » ne varie jamais dans un pays à étalon d'or. Aux États-Unis, l'or pur se vend à peu près 20 dollars l'once, exactement 20 d. 67. C'est le prix constant depuis 1837, date où le contenu d'or pur d'un dollar fut fixé à environ 1/20e d'once d'or pur, exactement 23,22 grains. Sans doute, ces deux chiffres s'impliquent mutuellement l'un l'autre. Ils ne prouvent absolument pas que l'or garde le même pouvoir d'achat vis-à-vis des autres marchandises. Simplement, l'or est stable, exprimé en or.

À l'époque où les gens se plaignaient de la e cherté de la vie », je demandai un jour, en plaisantant, à mon dentiste si le prix de l'or pour les dents avait monté. À ma surprise, il prit la question au sérieux et envoya sa secrétaire consulter les factures :

- Docteur, dit-elle en revenant, vous payez pour votre or le prix que vous avez toujours payé.

- N'est-ce pas étonnant ? me dit le dentiste. L'or est vraiment une marchandise très stable.

- C'est exactement aussi étonnant, répondis-je, que le fait qu'un litre de lait vaut toujours deux demi-litres de lait.

- Je ne comprends pas, dit-il.

- Voyons, qu'est-ce que c'est qu'un dollar ? demandai-je.

- Je n'en sais rien.

- Voilà toute la question. Un dollar c'est à peu près le vingtième d'une once. Il y a 20 dollars dans une once d'or, de sorte qu'une once d'or ne peut pas ne pas valoir 20 dollars. Le dollar est une unité de poids, tout comme l'once elle-même. Mais c'est une unité de poids qui prend le masque d'une unité de valeur ou de puissance d'achat.

CONCLUSION

Oui, notre dollar de poids fixe est aussi médiocre dans son rôle de dollar stable que pourrait l'être un poids fixe de cuivre, un métrage fixe de tapis ou un nombre fixe d'œufs. Supposons que, par définition, un dollar soit une douzaine d'œufs : le prix des œufs sera nécessairement et toujours d'un dollar la douzaine. Mais comme l'offre et la demande des œufs continueront à agir, si, un jour, par exemple, les poules cessent de poudre, le prix des œufs restant stable, c'est le prix de presque toutes les autres marchandises qui baissera. Un œuf en achètera davantage, Et cependant, à cause de l'illusion de la monnaie, nous ne soupçonnerons même pas que la baisse des prix soit due aux poules.

Mais alors, si le dollar n'est pas fixé en poids, en quoi peut-il l'être ? En pouvoir d'achat, évidemment. Le dollar nous sert d'unité de valeur, de pouvoir d'achat, et non d'unité de poids. Nous avons d'autres unités de poids, la livre, l'once, le gramme. Elles nous servent à peser. Le dollar est une unité de poids qu'on n'emploie jamais à peser. 23,22 grains, d'argent ou de cuivre ne font pas un dollar. Seuls 23,22 grains d'or font un dollar ; et dans cette définition même, tandis que le grain a pour nous le sens du poids, le dollar n'a pas ce sens. Nous persistons à penser au dollar comme à une unité de valeur. Son poids nous est indifférent. Que peut-il acheter ? Voilà la question vitale. Le général F. A, Walker, parlant en économiste, disait : « Le dollar, c'est ce que le dollar achète. » Confondre le poids fixe du dollar avec une valeur fixe, c'est comme si l'on confondait le poids d'un mètre avec sa longueur. Supposez que le Bureau des Mesures fabrique des mètres ayant exactement le même poids, sans garantir qu'ils aient exactement la même longueur : on pourrait s'en servir avec précision pour peser le sucre, mais non pour auner de la toile.

De même, notre dollar pourrait actuellement servir à peser avec précision du sucre, mais il est inapte à mesurer avec précision la valeur. Voilà ce que nous cache l'illusion de la monnaie.

CHAPITRE II

ÉTENDUE DES FLUCTUATIONS MONÉTAIRES

NOMBRES-INDICES

Ainsi, bien que le public croie le contraire, le dollar ou le franc ou tout autre unité monétaire diffèrent des autres unités de mesure en ce qu'ils ne sont nullement constants. Mais comment nous apercevrons-nous que la valeur du dollar change, et de combien elle a changé ? Par quel instrument mesurerons-nous la valeur réelle de notre monnaie ?

PAR LES NOMBRES-INDICES.

Un nombre-indice est un chiffre qui donne, en pourcentage, la variation moyenne intervenue, d'un point du temps à l'autre, dans les prix d'un certain nombre de marchandises-types.

Prenons un panier de ménagère. Nous sommes en 1913. Nous mettons dans le panier du pain, du beurre, des œufs, du lait, du drap, etc., dans les proportions où ces diverses marchandises ont été vendues sur le marché. Pour tout l'assortiment, en 1913, nous payons un dollar.

Supposons maintenant que, pour acheter ces mêmes marchandises, en 1919, il faille payer deux dollars. L'assortiment qui valait un dollar en 1913, en vaut deux en 1919 ; l'ensemble des marchandises du panier a doublé de prix. Nous dirons que le nombre-indice, pour ces marchandises, est de 200 en 1919, 100 représentant le point de départ, le niveau des prix en 1913.

Remarquez qu'il se peut que toutes les marchandises n'aient pas doublé de prix. La hausse, pour certaines, a été supérieure, pour d'autres inférieure au double. Quelques-unes ont même pu baisser de prix.

En fait, ce doublement de la moyenne des prix a eu lieu entre 1913 et 1919. Il peut s'exprimer de deux manières. Nous pouvons dire que l'indice des prix a doublé ; nous pouvons dire aussi que le dollar a diminué de moitié.

Aujourd'hui, la valeur du dollar est plus haute qu'en 1919. Un dollar achètera plus des deux tiers du contenu de notre panier. Il vaut, comme nous l'avons dit, environ 70 cents d'avant-guerre.

Ce panier, je le répète, contient les diverses denrées dans les proportions où elles se présentent en pratique. Mais l'expérience montre que l'exactitude de ces proportions n'a pas grande importance. D'abord, parce que la plupart des marchandises montent et descendent, en général, les unes en même temps que les autres. Et puis, il y a d'autres raisons. Mais le fait n'est pas douteux, bien qu'il surprenne les personnes peu familiarisées avec les nombres-indices. Sur la figure II, tracée d'après les chiffres publiés dans le bulletin 181 du

Bureau Fédéral des statistiques du travail, le lecteur trouvera deux courbes : l'une est « compensée », selon les quantités achetées et vendues ; l'autre ne l'est pas, une même importance étant attribuée à chaque marchandise. On constate qu'en gros, les deux courbes montent et descendent ensemble.

Le Bureau Fédéral des statistiques du travail public chaque mois un nombre-indice calculé sur les prix de gros de 550 marchandises. J'en publie un chaque semaine, que je calcule sur 120 marchandises. Carl Snyder, économiste de la Banque Fédérale de Réserves de New-York, a construit un indice général d'après les prix des biens, marchandises et services de toutes sortes, y compris les actions, les obligations, les immeubles, les salaires, les rentes et les frets.

Les indices rendent des services toujours plus-, étendus aux statisticiens, aux bureaux de statistique des Banques, aux gens d'affaires et, depuis quelques années, au public en général. De nombreuses, maisons de commerce et même quelques services de l'État ont ajusté les salaires selon un indice du coût de la vie. Le plan Dawes, pour le paiement des réparations allemandes, se sert, dans une certaine mesure, des nombres-indices. La conférence économique mondiale à Genève, en 1927, a recommandé l'établissement de diverses catégories de nombres-indices en vue de leur usage dans le monde entier.

Figure II :

Nombres-indices, compensés et non compensés.

Prix de gros aux États-Unis

Fig. 2.

Nombres-indices, compensés et
non-compensés. Prix de gros aux États-Unis

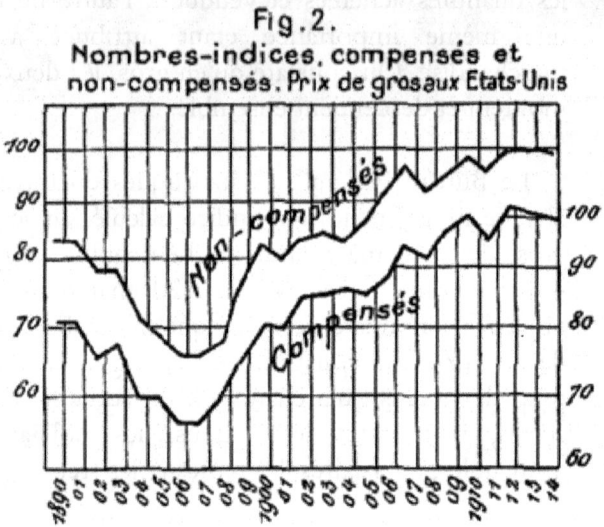

Il résulte d'ailleurs de ce qui a été expliqué plus haut que, si nous renversons la courbe des nombres-indices, nous obtenons celle des indices du pouvoir d'achat du dollar. Les deux indices correspondants jouent à la bascule l'un avec l'autre ; l'un monte tandis que l'autre descend.

FLUCTUATIONS EN EUROPE

Si nous appliquons cet instrument des nombres-indices aux faits historiques, que constatons-nous ?

Nous constatons que les prix des marchandises allemandes se sont élevés pendant et après la guerre, atteignant un multiple d'un trillion par rapport aux prix de 1913 ; ou, en renversant la courbe des indices, nous voyons que le pouvoir d'achat du mark allemand a été réduit à moins d'un trillionième de ce qu'il était en 1913.

En Russie, la hausse des prix a été moindre, bien qu'elle ait dépassé le milliard. Moindre encore en Pologne, mais supérieure à un million. Moindre encore en Autriche, mais supérieure à vingt mille. Moindre encore en Italie, en France, dans d'autres pays, où elle fut de cinq à dix fois les prix d'avant-guerre. En Angleterre, au Canada, aux États-Unis, elle fut encore moindre, tout en atteignant le double ou le triple ; c'est-à-dire que le dollar et la livre tombèrent à la moitié ou au tiers de leur pouvoir d'achat d'avant-guerre.

FLUCTUATIONS EN AMÉRIQUE

Pendant la guerre de Sécession, le dollar tomba rapidement, de sorte qu'en 1865 son pouvoir d'achat était les 2/5 de celui de 1860. Puis, le pouvoir d'achat se releva jusqu'à atteindre, en 1896, le quadruple du niveau de 1865. Mais alors, la marée se renversa et le dollar baissa à nouveau : en 1920, il valait le quart de sa valeur de 1896. Enfin, de mai 1920 à juin 1921, une hausse rapide le ramena de 40 à 70 cents d'avant-guerre. Tous ces chiffres sont calculés sur les prix de gros. Si l'on fait intervenir d'autres catégories de prix, les fluctuations extrêmes sont réduites. Depuis 1921, le dollar est resté à peu près stable, avec des changements d'importance secondaire.

La figure III donne la valeur du dollar, de cinq ans en cinq ans, à partir de 1850. Les chiffres désignent les cents de 1913.

Ainsi, bien que minimes si on les compare avec les bouleversements subis par le mark allemand ou le rouble russe, les variations de notre dollar ont été considérables. Sa valeur a quadruplé dans l'espace d'une génération, elle s'est réduite de quatre à un dans un espace de temps plus court encore, pour rebondir à nouveau presque au double en un peu plus d'un an. Cela suffit à montrer que, même aux États-Unis, pays à étalon d'or, la monnaie a changé de valeur exactement de la même manière, sinon dans les mêmes proportions, que dans les pays à monnaie de papier,

ACCORD DES DIFFÉRENTS INDICES

Les indices dont on s'est servi dans la figure III sont calculés sur des prix de gros, mais le résultat ne sera pas très différent si nous employons des indices calculés sur des prix de détail ou même sur des prix « généraux », ce qui comprend les biens et services de toutes sortes. Le tableau ci-dessous montre les différences entre les indices de gros et les indices, « généraux ». Ils diffèrent assez peu. Les indices de gros sont ceux de la figure III, les indices généraux sont ceux de Carl Snyder.

Pouvoir d'achat du dollar. (exprimé en cents de 1913.)

Années	Indices de gros	Indices généraux
1875	89	88
1880	105	102
1885	128	122
1890	125	122
1895	143	145
1900	123	122
1905	116	116
1910	99	104
1915	99	97
1920	44	52
1925	63	59

Les différences sont, successivement : 1, 3, 6, 3, 2, 1, 0, 5, 2, 8, 4, cents. La plus grande différence est de 8 cents, pour 1920 ; la différence moyenne est de 3,2 ; elle n'est supérieure à 5 cents que pour 2 années sur 11.

Ainsi, quel que soit l'intérêt de la question technique du choix du meilleur nombre-indice en vue de guider la stabilisation des prix, les faits prouvent qu'en tout cas les différents indices concordent assez bien. Chacun d'eux révèle un dollar extrêmement variable.

Figure III : Pouvoir d'achat du dollar. (exprimé en cents de 1913)

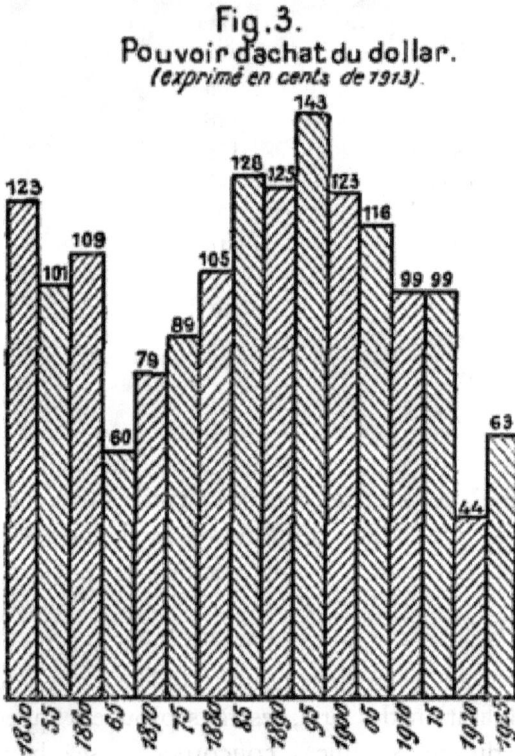

Fig.3.
Pouvoir d'achat du dollar.
(exprimé en cents de 1913).

COMMENTAIRES

Que dirions-nous si notre mètre, notre kilo, notre boisseau, notre litre, notre kilowatt augmentaient ou diminuaient, et du simple au quadruple, et sans discontinuer ? Supposez qu'une Compagnie de Chemin de fer passe une commande de traverses de six pieds, et que le pied quadruple de longueur avant la date de livraison. Supposez qu'un élévateur à céréales achète mille boisseaux de froment et que le boisseau se recroqueville au quart de sa taille primitive. Notre dollar, mesure de valeur, varie comme varieraient un mètre de caoutchouc, un kilo de coton hydrophile qui s'imprégnerait d'eau pour sécher ensuite suivant l'état de l'atmosphère.

Sans doute, en poussant à l'extrême l'instabilité des monnaies, la guerre mondiale a quelque peu éveillé notre attention sur cet important sujet. Cependant, en Allemagne par exemple, il a fallu une dépréciation de 1 à moins d'1/100 en quelques années pour qu'un certain nombre de personnes comprissent qu'un changement avait eu lieu. Telle est la puissance de l'illusion de la monnaie.

Même alors, d'ailleurs, cette illusion ne fut pas détruite. L'idée de la stabilisation de la monnaie fut simplement transportée par les Allemands du mark au dollar. De même qu'un passager découvre, à sa surprise, que c'est son train qui se déplace et non le train voisin, l'Allemand moyen, voyant les prix allemands multipliés par des coefficients de trois chiffres, comprit que le mark tombait et supposa 'aussitôt que le franc suisse ou le dollar américain étaient stationnaires. C'est alors que le grand public commença pour la première fois à suivre dans les journaux le cours des changes et à ajuster quotidiennement les prix sur la cote des devises. Ils envièrent aux étrangers leur prétendue monnaie stable et désirèrent en conséquence « le retour » à l'étalon d'or. Qu'un meilleur étalon pût jamais être institué, cette idée ne vint à personne.

Ainsi, l'instabilité même du mark papier, dès qu'elle fut clairement perçue, aveugla ses victimes sur l'instabilité de l'étalon d'or. La constance toute relative de la valeur de l'or lui conféra un prestige idéal dont les indices cités plus haut montrent toute la vanité.

CHAPITRE III

CAUSES DES FLUCTUATIONS MONÉTAIRES

CIRCULATION DE LA MONNAIE ET DES MARCHANDISES

Maintenant, voyons pourquoi la monnaie change de pouvoir d'achat. C'est, en gros, à cause de l' « inflation relative » et de la « déflation relative ». Par *relative,* j'entends : relative au volume des transactions dans une période de temps donnée.

Le mot « monnaie », ici, inclut trois catégories principales. D'abord, l'or, monnaie contre laquelle peuvent s'échanger toutes les autres aussi longtemps que l'étalon d'or est maintenu ; en second lieu, le papier-monnaie ; et troisièmement, les dépôts en banque, dont nous disposons au moyen de chèques.

Ces dépôts en banque diffèrent, en tant que monnaie, de l'or et du papier. Les monnaies d'or et de papier sont acceptées sans discussion comme instruments de paiement. Un chèque sur une banque, au contraire, ne peut être accepté que par le consentement individuel de la personne qui le reçoit. L'importance des dépôts en banque est d'ailleurs considérable dans l'ensemble de la circulation monétaire : les règlements par chèque représentent un volume de transactions 8 à 10 fois supérieur aux règlements en or ou en papier monnaie.

Chaque fois qu'un achat a lieu, de la monnaie, appartenant à l'une des trois catégories indiquées ci-dessus, passe de l'acheteur au vendeur, tandis que les marchandises passent du vendeur à l'acheteur. Si nous additionnons tous les transferts de monnaie qui ont lieu dans l'ensemble de la nation pendant un an, par exemple, nous obtenons le total des paiements, c'est-à-dire de la circulation monétaire. Aux États-Unis, la circulation monétaire annuelle atteint un total de 600 à 1.000 milliards de dollars. Disons 900 milliards. Puisque le total de la monnaie existant dans le pays, y compris les dépôts en banque, ne dépasse guère 30 milliards, on voit qu'il faut qu'elle se déplace entièrement à peu près 30 fois par an pour accomplir sa fonction nécessaire, qui est de servir d'instrument au transfert des marchandises.

Supposons, en gros, que le total de ces marchandises achetées et vendues soit de 30 milliards de tonnes par année. Ces 30 milliards de tonnes, total du courant des marchandises, vendues à 30 dollars la tonne en moyenne, formeront la valeur de 900 milliards de dollars nécessaires pour faire face au courant correspondant de monnaie de 900 milliards de dollars.

INFLATION ET DÉFLATION RELATIVES

Si ces deux courants opposés (circulation de la monnaie et circulation des marchandises), de 900 milliards de dollars chacun, continuaient à couler à la même vitesse, toujours égale d'année en année, il n'y aurait pas d'inflation ni de déflation, et le niveau général des prix n'aurait aucune raison de changer. Il ne changerait pas non plus si les deux courants augmentaient ou diminuaient dans la même proportion. Cette vitesse égale des deux courants, soit qu'elle ne varie pas, soit qu'elle varie au même rythme, constitue ce qu'on peut appeler «l'état normal». Le flot de la monnaie s'accommode au flot des affaires ; il s'adapte à sa croissance ou à sa diminution. La circulation de la monnaie est dite alors « élastique ».

Mais qu'arrive-t-il si la vitesse des deux circulations se met à différer ? Supposons par exemple que, d'une année à l'autre, la circulation des marchandises demeure de 30 milliards de tonnes tandis que la circulation de la monnaie monte à 1.200 milliards de dollars. Évidemment, le niveau des prix ne pourra pas rester au chiffre de 30 dollars par tonne, puisque la valeur du courant des marchandises doit rester égale à la circulation de la monnaie et monter par conséquent, elle aussi, à 1.200 milliards. Un volume supérieur de monnaie achetant le même volume de marchandises, il faut que les prix montent. C'est exactement comme du beurre que l'on étend sur du pain : si l'on met plus de beurre, il faut que la couche soit plus épaisse. Le pain représente la quantité de marchandises ; l'épaisseur du beurre, le niveau des prix.

Supposons encore que la circulation des marchandises demeure constante, mais que la circulation de la monnaie décroisse. Les prix baisseront. Si nous disposons de moins de beurre pour notre tartine, la couche sera plus mince.

Supposons encore que la circulation de la monnaie demeure constante tandis que la circulation des marchandises s'accroît, les prix baisseront. Le même beurre étendu sur une tartine plus large sera plus mince.

Supposons enfin que la circulation de la monnaie demeure constante tandis que celle des marchandises diminue. Les prix monteront. Le même beurre étendu sur une tartine plus petite formera une couche plus épaisse.

En fait, naturellement, ni l'une ni l'autre des deux circulations n'est jamais tout à fait constante. Celle des marchandises s'accroît presque toujours d'année en année, et souvent dans des proportions notables. La circulation de la monnaie s'accroît aussi en général, mais à un rythme très irrégulier ; elle décroît parfois. En tout cas, le seul fait important touchant *le niveau des prix*, c'est la *relation* entre les deux circulations.

Ainsi, les quatre cas précédents et tous les cas possibles peuvent être résumés comme suit. Si la circulation de la monnaie s'accroît *relativement* à celle des marchandises, les prix monteront. Si au contraire elle décroît *relativement*, les prix baisseront. Le premier cas est celui de l'inflation relative, le second celui de la déflation relative. L'indice des prix nous montrera si nous sommes sous le règne de l'une ou de l'autre.

REVENUS RÉELS

Nous venons de voir que, pour l'explication des

variations de prix (et des variations correspondantes du pouvoir d'achat d'un dollar), il est indifférent que l'inflation ou la déflation relative ait pour cause un changement dans l'une ou l'autre des deux circulations. Mais cela n'est pas indifférent à d'autres égards, notamment en ce qui concerne certaines questions de bien-être humain qui seront examinées dans des chapitres ultérieurs.

Dans le domaine de la monnaie, deux questions importantes se posent à chaque individu : 1° combien ai-je de dollars de revenu ? 2° quel est le pouvoir d'achat de chacun de ces dollars ? Mon revenu réel est le produit de ces deux facteurs. C'est le pouvoir d'achat d'un dollar multiplie par le chiffre de dollars de mon revenu.

Mon revenu est pour moi d'une importance économique suprême. Quant à l'ensemble de la société, l'accroissement ou la diminution du revenu moyen de ses habitants dépend du rythme d'accroissement des revenus totaux par rapport à celui du chiffre de la population. Or, le revenu par tête est le fait économique le plus important à l'intérieur d'un pays.

LES DEUX CIRCULATIONS PAR TÊTE D'HABITANT

Le revenu réel va s'accroître ou diminuer à peu près proportionnellement à la circulation des marchandises. Par conséquent, une augmentation ou une diminution du revenu individuel correspondra à une augmentation ou une diminution dans la circulation des marchandises par tête d'habitant. La circulation des marchandises par tête d'habitant peut nous apparaître comme l'indice pratique du bien-être individuel.

Si nous calculons également la circulation de la monnaie par tête d'habitant, nous pouvons répartir les causes de la montée ou de la baisse des prix entre le facteur monnaie et le facteur marchandise. Nous pouvons dire par exemple : si la circulation des marchandises par tête reste la même, tout changement dans le niveau des prix est dû entièrement à un changement dans la circulation de la monnaie. Si la circulation de la monnaie par tête reste la même, tout changement dans le niveau des prix est dû à un changement dans la circulation des marchandises. Si les deux circulations changent par tête d'habitant, la responsabilité du changement des prix doit être attribuée à la fois à la monnaie et aux marchandises et dans la proportion de leurs, changements respectifs.

Supposons par exemple que la circulation de la monnaie double par tête d'habitant. Le niveau des prix doublera. De même si la circulation des marchandises diminue de moitié. L'un des phénomènes aura exactement le même effet que l'autre. S'ils, agissent ensemble, le niveau des prix quadruplera.

INFLATION ET DÉFLATION ABSOLUES

Le problème ainsi posé n'admet que quatre solutions au problème de la variation du niveau général des prix :

1° La circulation de la monnaie s'accroît par tête d'habitant. 2° La circulation de la monnaie décroît par tête d'habitant.

3° La circulation des marchandises s'accroît par tête d'habitant. 4° La circulation des marchandises décroît par tête d'habitant.

Les deux premiers cas peuvent recevoir le nom d'inflation et de déflation absolues, par contraste avec l'inflation et la déflation relatives, telles que nous les avons déjà définies, et que l'on pourrait aussi définir : augmentation ou diminution de la circulation de monnaie par tête d'habitant en relation avec la circulation des marchandises par tête d'habitant.

Ainsi, les mots d'inflation et de déflation relatives ou absolues auront désormais un sens précis pour nous. Cela nous aidera à raisonner clairement.

PRÉDOMINANCE DE LA MONNAIE

On pourrait être tenté de croire que, sur les quatre causes signalées plus haut, les deux dernières sont les plus importantes, c'est-à-dire que la baisse ou la hausse des prix sont dues, au moins principalement, à la rareté ou à l'abondance des marchandises. Une telle opinion n'est pas justifiée. Elle est due à notre vieille amie « l'illusion de la monnaie », laquelle cache à nos yeux le facteur monétaire de l'état du marché. Nous ne considérons que les marchandises, et, ce faisant, nous avons tort la plupart du temps.

Si nous observons l'histoire, nous ne trouvons jamais, ou presque jamais, un cas notable d'inflation qui ne soit pas à la fois relative et absolue. Le courant de la monnaie varie beaucoup, tandis que le courant des marchandises varie assez peu ; le courant des marchandises par tête d'habitant varie encore moins. L'étude de l'histoire révèle en général un accroissement lent et régulier de la circulation des marchandises par tête d'habitant. Lisez à ce sujet les ouvrages du professeur Cassel, de Suède, du professeur Keynes, d'Angleterre, du professeur Olbrook, de Californie, etc… Sans compter mes propres ouvrages.

L'extrême importance des changements de la circulation monétaire apparaît évidemment hors de doute dans des cas aussi accusés que celui de l'inflation et de la déflation récentes en Allemagne, en Russie, en Pologne, en Autriche. Quelles qu'aient été les variations dans la circulation des marchandises, les variations intervenues dans la circulation monétaire furent certainement infiniment supérieures. Quand les prix se multiplient par mille et par un million, il est évident qu'une telle hausse est due, presque entièrement, à l'inflation, et que cette inflation est à la fois relative et absolue. De même, sans aucun doute, dans le cas du papier-monnaie de la Révolution française, du papier-monnaie « continental » de notre Révolution américaine, des « greenbacks » de la guerre de Sécession. Pendant la Révolution américaine, la dépréciation fut telle qu'après cent cinquante ans, on dit encore : « Ça ne vaut pas un continental ».

En revanche, il échappe généralement au public que les variations de la circulation monétaire ont une importance prédominante, même en temps de paix et même dans un pays à étalon d'or comme les États-Unis.

EXEMPLES TIRÉS DES ÉTATS-UNIS

Voici dix cas, qui résument l'histoire de la monnaie aux États-Unis, pendant près d'un siècle. Dans chacun de ces cas, l'inflation ou la déflation fut à la fois absolue et relative et constitua le facteur dominant pour la hausse ou la baisse des prix.

1° Inflation : 1849-1860. Gros arrivages d'or de Californie et d'Australie. 2° Inflation encore : 1860-1865. Pendant la guerre de Sécession, émission

croissante de « greenbacks ».

3° Déflation : 1865-1879. Après la guerre de Sécession, réduction du nombre des greenbacks, qui finalement deviennent convertibles en or.

4° Déflation encore : 1879-1896. Légère diminution de la production de l'or, coïncidant avec une demande accrue de ce métal par suite du passage d'un certain nombre d'États de l'étalon « bi-métallique » (or et argent) à l'étalon d'or.

Cette dernière période offre un intérêt spécial parce que, aux yeux de beaucoup d'économistes, elle parut constituer une exception unique à une règle générale. Moi-même, jusqu'à ces dernières années, je supposais, comme les autres, que, au cours de la période qui nous occupe, l'augmentation de la circulation des marchandises avait été assez considérable pour expliquer, en grande partie, la baisse des prix, même si la circulation monétaire s'était développée aussi vite que la population. Des livres ont été écrits pour démontrer cela. Mais de récentes études sur la circulation des marchandises, et notamment les statistiques du volume de la production, données par Carl Snyder et Willford I. King, montrent que la circulation des marchandises, autrement dit le volume des affaires, n'a même pas augmenté aussi vite que le nombre des habitants. D'après Snyder, de 1879 à 1896, l'augmentation de la production est de 30%, tandis que celle de la population est de 44%. Ainsi, si la circulation monétaire s'était accrue exactement aussi vite que la population, c'est-à-dire si la circulation monétaire par tête d'habitant était restée constante, les prix auraient monté puisque la circulation des marchandises, elle, ne s'accroissait pas à la même vitesse que le nombre d'habitants. Or, qu'avons-nous vu ? Les prix ont baissé. Cette baisse ne peut s'expliquer que par l'insuffisance de la monnaie par tête d'acheteur.

5° Inflation : 1896-1914. Mise en exploitation de nouvelles mines d'or, et introduction du traitement au cyanure des minerais. Gros arrivages d'or du Colorado, de l'Alaska, du Canada et de l'Afrique du Sud.

6° Inflation encore : 1914-1917. Pendant la guerre, inflation en Europe sous forme de papier-monnaie. En Amérique, ce papier-monnaie étant refusé pour le paiement des munitions et des vivres que nous vendions, l'or est importé en grandes quantités d'Europe. Inflation aussi sous forme de crédits, et accélérée par l'établissement du système de Réserve Fédérale, qui donne la possibilité légale d'édifier une plus grande masse de crédit sur la même réserve d'or.

7° Inflation encore : 1917-1918. L'Amérique étant ,entrée dans la guerre, l'inflation-or et l'inflation-crédit augmentent pour les mêmes raisons qu'au paragraphe précédent. L'inflation-crédit se développe même plus rapidement encore, parce que le public contracte des emprunts dans les banques pour souscrire aux emprunts du gouvernement. Le prêteur à l'État prête, non pas un argent matériellement existant, mais une création des banques, obtenue par une simple inscription sur des livres de comptabilité. Lors d'une tournée de propagande en faveur des emprunts de la Liberté, un jour, je me souviens qu'un des orateurs qui m'accompagnaient, excellent clergyman peu versé en économie politique, s'écriait devant son auditoire : « Prêtez à l'oncle Sam. Achetez des bons de la Liberté. Si vous n'avez pas d'argent, allez en emprunter à votre banque. Si elle vous demande des garanties, promettez de lui remettre les bons que vous aurez achetés grâce à cet emprunt. C'est comme le mouvement perpétuel. »

Ce conseil ne fut que trop suivi. Oui, c'était comme le mouvement perpétuel : une chimère. L'argent prêté était le fruit, non de l'épargne, mais de l'emprunt. Autant eût valu que les banques prêtassent directement au gouvernement ces sommes constituées par une simple inscription de « dépôt ». Cette même chimère a régné dans tous les pays mêlés à la guerre. Les « prêteurs », qui faisaient le geste de prêter, contribuaient simplement à l'inflation en accroissant la circulation de la monnaie sans accroître en même temps celle des marchandises.

8° Inflation encore : 1918-1920. Après la guerre, l'emprunt de la Victoire fut lancé par les mêmes méthodes. En outre, le Trésor fit pression sur le système de Réserve Fédérale pour le maintien de l'intérêt à des taux relativement bas qui contribuèrent encore à stimuler les emprunts contractés pour des besoins économiques on par simple désir de spéculation.

9° Déflation : 1920-1922. Resserrement du crédit, consécutif aux excès précédents.

10° Légers changements : 1922-1928. Nouvelle politique de Réserve générale, « selon les besoins des affaires ».

L'OFFRE ET LA DEMANDE QU'ON OUBLIE

Il est courant de dire que les prix sont réglés par l'offre et la demande. Cela est vrai ; mais l'Offre et la demande de quoi ? On pense au blé, au maïs, au sucre, à l'acier, aux autres marchandises ; on oublie la monnaie. Car les variations dans l'Offre et la demande de la monnaie ne peuvent changer le prix de la monnaie exprimés dans cette monnaie même. Leur effet est de modifier le prix des autres denrées, comme nous l'avons montré par l'exemple du dollar-douzaine d'œufs. L'offre et la demande des œufs ne changeraient pas le prix des œufs exprimés en œufs, mais se répercuteraient sur les prix des autres marchandises, échangées contre les œufs-étalon.

Le raisonnement devient plus clair si nous revenons à la forme primitive du commerce, au troc. Supposons que nous échangions du blé contre des pores, Si le prix du blé exprimé en pores baisse, nous ne dirons certainement pas que la baisse est dut, nécessairement et entièrement, à l'offre et à la demande du blé seul. Il nous paraîtra évident qu'elle peut être due tout aussi bien à l'offre et à la demande des pores. Il en est exactement de même si le blé est troqué contre de l'argent. L'argent obéit à l'offre et à la demande, tout comme le blé. De même encore, si le blé est troqué contre de l'or, lingots, pièces, billets ou tout autre monnaie convertible en or. Si la quantité d'or augmente, il faudra plus d'or pour acheter le même boisseau de blé.

L'or et ses succédanés, papier-monnaie et dépôts en banque, interviennent pratiquement, aujourd'hui, dans tous les échanges. L'offre et la demande de la monnaie doivent donc produire leur effet sur le prix de chaque transaction. Nous admettons qu'une ,Offre abondante de blé fait baisser le prix du blé. Il faut admettre qu'une offre abondante de dollars fait baisser le prix du dollar, c'est-à-dire fait monter le prix des marchandises.

MOUVEMENT DES PRIX, INDIVIDUEL ET GÉNÉRAL

Ce qui reste vrai, c'est que, pour une marchandise *individuelle* comme le blé, toute variation de prix est due, pour la plus grande part, à l'offre et à la demande de ladite marchandise. Par exemple, lors de la chute des prix du coton, en 1926, consécutive à la miraculeuse récolte de cette année-là, une très petite part de la baisse était attribuable à la montée de la valeur de la monnaie, révélée par la courbe du niveau général des prix. De même, il est arrivé que le blé montât ou descendît de plus de 50%, tandis que le niveau général des prix ne variait que de 1 ou 2%.

Pendant une violente tempête, le niveau général de la mer peut ne pas changer d'un pouce, tandis que des milliers de vagues, montant et descendant sans relâche, décrivent sur la verticale un parcours total équivalant à des milliers de kilomètres. Le niveau de la mer est surtout affecté par le mouvement général des marées. Dans la vaste mer économique, au moment où les prix bondissent et retombent comme les vagues, la variation moyenne est généralement assez faible. Ainsi, il faut distinguer le mouvement individuel des prix, provoqué par l'offre et la demande des marchandises individuelles, et le mouvement général des prix, provoqué par l'offre et la demande de la monnaie.

Si, quittant vagues et marées, nous revenons à notre tartine, nous dirons que l'épaisseur moyenne du beurre (niveau général des prix) ne dépend pas -de l'épaisseur sur tel ou tel point du pain (prix individuels). Quelle que soit la quantité de beurre, la couche, à un endroit donné, peut être épaisse ou mince. Mais si nous l'amincissons quelque part en la pressant de notre couteau, elle deviendra plus épaisse ailleurs.

Le niveau des prix recevrait plus justement le nom d'échelle des prix. De même que l'échelle d'une carte ou d'un dessin peut augmenter ou diminuer sans modifier le tracé d'un fleuve ou d'un visage, de même l'échelle des prix peut baisser sans altérer les rapports des prix individuels.

La distinction entre l'idée de « prix individuel » et l'idée d' « échelle des prix » a paru avec clarté en Allemagne, le jour où, l'inflation s'accentuant, on eut recours au « multiplicateur ». Les prix imprimés sur les tarifs d'hôtel restaient constants. Le dîner était marqué six marks, la chambre, neuf marks. Mais, avant de payer votre note, le total en devait être multiplié par un coefficient représentant le « niveau des prix » ou « échelle des prix » et qui variait de jour en jour, montant à mesure que le mark descendait. Il n'avait aucun rapport avec le prix réel du dîner, exprimé en unités de travail ou par comparaison avec le prix de la chambre. Un multiplicateur de 100.000 ou d'un million ne modifierait en rien la relation des prix entre eux. Mais la chambre à neuf marks passait de 900.000 à 9 millions ; le dîner à six marks, de 600.000 à 6 millions. Le multiplicateur évitait simplement à la direction de l'hôtel la peine de réimprimer trop fréquemment son tarif.

Le principe du multiplicateur s'applique aux États-Unis comme en Allemagne. Tout prix payé en réalité est le produit d'un prix idéal, multiplié par un coefficient dépendant de la valeur de la monnaie.

MODE D'ACTION DE L'INFLATION ET DE LA DÉFLATION

Nous voici convaincus que les grandes marées des prix sont dues à l'inflation et à la déflation. Mais sous quelle forme, par quel procédé, l'inflation et la déflation opèrent-elles ?

Pour le comprendre, supposez que, brusquement, votre banque vous ait prêté beaucoup d'argent. Vous voilà en état d'acheter beaucoup plus de choses. Dès que vous usez de cette faculté nouvelle, vous tendez à élever les prix. Que tous vos voisins, que des millions de compatriotes en fassent autant, comme cela est arrivé pendant la guerre, les prix monteront. On fait un emprunt pour acheter des marchandises. L'argent n'est laissé en banque que jusqu'au jour où on l'en déplace par des chèques. Les bénéficiaires des chèques déposent à leur tour ce même argent, pour tirer de nouveaux chèques, de sorte que le dépôt primitivement créé par l'emprunt continue à circuler, tendant, à chaque nouveau déplacement, à relever, ou du moins à tenir élevé les prix des marchandises.

Lorsqu'au contraire l'argent se fait rare, parce que les banques se refusent à prêter, ou pour tout autre raison, le nombre et la largesse des acheteurs diminuent et les prix baissent.

CAUSES DE L'INFLATION ET DE LA DÉFLATION

L'inflation se produit en général quand les gouvernements se trouvent en difficultés financières, spécialement en temps de guerre ou après une guerre. La guerre a toujours été, de beaucoup, le plus grand fabricant de papier-monnaie et de crédit et, par conséquent, la principale cause des grands bouleversements des prix au cours de l'histoire.

Le papier-monnaie et l'inflation-crédit abaissent indirectement la valeur de l'or lui-même. C'est ainsi, nous l'avons vu, que la grande guerre a produit une inflation-or en Amérique par suite des paiements en or des pays d'Europe, qui ne payaient plus chez eux qu'en papier. Cette dépréciation de l'or par rapport aux marchandises, aux États-Unis ou ailleurs, pendant la

Grande Guerre, fut beaucoup plus considérable que les phénomènes similaires qui s'étaient antérieurement produits pour d'autres causes. En 1920, le dollar-or ne valait plus que 40 cents de 1913. C'est à peu près la dépréciation des greenbacks de papier pendant la guerre de Sécession.

Il peut néanmoins survenir des inflations notables en temps de paix. L'or même peut se déprécier, soit par suite de la découverte de nouvelles mines (Californie et Australie vers le milieu du XIXe siècle, Colorado, Alaska, Canada, Afrique du Sud à la fin du siècle) soit par les progrès de la métallurgie de l'or (traitement au cyanure).

Mais surtout, le crédit peut donner lieu à inflation en pleine paix, soit qu'interviennent de nouvelles lois sur les banques, ou que les banques elles-mêmes changent de politique. Par exemple, la promulgation de la loi sur la Réserve Fédérale, d'ailleurs louable en tant qu'amélioration de l'ancien système si peu élastique des Banques Nationales, aurait provoqué une certaine inflation, même si la guerre n'avait jamais eu lieu, simplement parce qu'elle réduisait le montant légal des réserves d'or, accroissant ainsi considérablement les possibilités de crédit.

La déflation, à son tour, peut être causée par l'épuisement des mines d'or, par l'action d'un gouvernement réduisant le volume de la circulation monétaire, ou par celle des banques qui se décident à restreindre le crédit.

La déflation du papier-monnaie a généralement été

produite par le désir de revenir à la convertibilité en or après une guerre. Tel fut le cas aux États-Unis entre 1865 et 1879, en Angleterre en 1918. L'Italie, animée des mêmes intentions en 1926, a eu la sagesse d'abandonner son projet.

SOMMAIRE

En somme, les variations monétaires sont dues à trois facteurs principaux : la politique de l'État, surtout mais non exclusivement en temps de guerre ; la politique des banques, généralement liée à celle du gouvernement ; et les fluctuations dans la production de l'or.

Les inflations les plus considérables sont en général produites par les guerres, tandis que les déflations les plus considérables ont eu lieu après les guerres, lorsque les gouvernements essayaient de revenir à l'étalon d'or.

Il est important de noter que, dans les deux cas, l'inflation ou la déflation est due à une action humaine, laquelle, dans la plupart des hypothèses, du moins en temps de paix, pourrait être modifiée par la volonté des gouvernements et des peuples, s'ils comprenaient clairement la nature et la fonction de la monnaie et les effets de l'inflation et de la déflation.

Ce chapitre comporte deux conclusions principales :

1° Le niveau général des prix monte ou baisse, la puissance d'achat de la monnaie baisse ou monte en raison de l'inflation ou de la -déflation relatives, en raison de l'abondance ou de la rareté de la monnaie par rapport aux marchandises.

2° Dans la réalité, la circulation de la monnaie est si capricieuse, comparée à celle des marchandises, que, dans tous les cas importants, l'inflation ou la déflation n'est pas seulement relative, elle est aussi absolue. Il y a un accroissement ou une diminution absolue dans la circulation de monnaie par tête d'habitant, alors que la circulation par tête des marchandises ne varie guère.

Nous pouvons donc, pratiquement, omettre les adjectifs « relatif » et « absolu » et dire simplement : le dollar, en général, baisse par suite de l'inflation et monte par suite de la déflation.

CHAPITRE IV

DOMMAGES RÉSULTANT DIRECTEMENT DE L'INFLATION ET DE LA DÉFLATION

LA MONNAIE EST PLUS VARIABLE QUE LES MARCHANDISES

La cherté ou le bas prix de la vie, que le public attribue à la disette ou à la surabondance des marchandises, est due, au contraire, comme nous l'avons vu dans le dernier chapitre, à la surabondance ou à la disette de la monnaie. Ainsi, les variations de prix n'ont pas la signification que leur donnait la croyance populaire. La « cherté de la vie », si elle eût correspondu à un manque réel de vivres, de vêtements, de logements, etc. eût signifié un appauvrissement général, un abaissement du revenu réel par tête ; mais une « cherté de la vie » causée par l'inflation ne signifie pas, du moins directement, la réduction *moyenne* du bien-être humain ; en d'autres termes, elle ne signifie pas le ralentissement de la circulation des marchandises par tête d'habitant. Il est évident que, si mon revenu, de 2.000 dollars avant la guerre, a passé à 4.000, tandis que les prix doublaient, je ne m'en trouve ni mieux ni plus mal.

Le haut coût de la vie, objet d'alarme général pendant et après la guerre mondiale, fut accompagné en fait par la hausse des revenus et ne correspondit pas, comme on l'imaginait, à un appauvrissement considérable de la nation.[1] De même, la dépression de 1921 ne signifia pas, comme on le croyait alors et comme on le croit encore aujourd'hui, une surabondance des produits, un surplus dans la circulation des marchandises.

Même en Allemagne, lorsque les prix montèrent à des coefficients de plusieurs milliards, les revenus furent aussi multipliés par des coefficients extravagants, quoique moins hauts que ceux des marchandises. Si les revenus étaient restés les mêmes que pendant la guerre, des prix simplement centuplés eussent rendu la vie impossible et presque tous les Allemands seraient morts de faim. La réalité fut moins fâcheuse.

« SIMPLE » CHANGEMENT DE COMPTABILITÉ

Mais alors, si les mouvements des prix sont surtout des changements dans la valeur de la monnaie, quel dommage peut-il en résulter ? Le mètre change, mais l'objet à mesurer ne change guère. Il nous faut deux dollars au lieu d'un pour un achat donné, simplement parce que nous avons deux fois plus de dollars à dépenser. N'est-ce pas, simplement ou principalement, une affaire de comptabilité ?

---

[1] L'auteur parle évidemment de la situation aux États-Unis (Note du traducteur.)

Oui, si les revenus individuels s'ajustaient d'eux-mêmes au changement des prix. Mais cela n'est pas et ne peut pas être. Même si notre mètre variait, son changement, bien que purement comptable, porterait le trouble dans tous les engagements conclus en mètres, tels que les ventes de drap, de tapis, ou de fil de fer. Le dommage serait sérieux. Mais un changement dans le mètre monétaire, le dollar, est beaucoup plus sérieux pour trois raisons :

1° Le mètre n'affecte que les ventes de marchandises mesurées en mètres. Sa constance importe au marché des rubans, mais non à celui du blé, du sucre, du coton, du charbon, du pétrole, du bois, de l'acier. Ses variations ne toucheraient pas les ventes stipulant des boisseaux, des litres, des cordes, des kilos, des tonnes, des hectares, des kilowatts ou des journées de travail.

Le mètre monétaire, au contraire, affecte toutes, les ventes. Quelle que soit l'unité de dimension choisie, tant de mètres de tapis, tant de livres de beurre, tant de boisseaux de blé, la valeur, elle, est toujours exprimée en dollars. L'emploi du dollar est aussi étendu que celui de toutes les autres unités à la fois. Nous qui prenons tant de peine pour standardiser ou stabiliser le mètre, la livre, etc., et qui instituons des vérificateurs de poids et mesures pour assurer le public de la constance de ces unités, comment n'apercevons-nous pas la nécessité de stabiliser une unité monétaire qui s'applique à tous les contrats ?

2° Le mètre monétaire figure dans les contrats à terme ; des dollars d'aujourd'hui y sont échangés pour des dollars de l'avenir. Il y a sans doute des contrats à terme conçus en mètres ou en d'autres unités, mais ils sont beaucoup moins fréquents, moins importants et d'une durée plus courte. D'ailleurs, le monnaie non plus n'en est pas absente (vente de blé à terme). Pratiquement, nous n'échangeons jamais des mètres de drap actuels pour des mètres futurs, des tonnes de charbon actuelles pour des tonnes futures. Mais il arrive constamment que vous empruntiez X dollars aujourd'hui sous la promesse de payer Y dollars dans dix ans. Que se produit-il, si la valeur du dollar a varié au cours de ces dix années ?

Un dommage, et beaucoup plus grave encore que le dommage signalé au premier paragraphe. Le grand réseau des contrats à terme, valable pendant des mois, des années, des générations, des siècles> forme un total de centaines de milliards de dollars représentés par des billets à ordre, des hypothèques,, des obligations personnelles, des bons de chemin de fer, des rentes d'État, des loyers, des annuités, des pensions, des assurances, des livrets de caisse d'épargne, etc.

3° Un changement dans le mètre, tout le monde s'en apercevrait aussitôt. Mais les subtils changements du dollar nous sont cachés par l'illusion de la monnaie. Le dommage s'accroît de ce que sa source n'est pas perçue. Si les variations du dollar étaient prévues, il serait possible, jusqu'à un certain point, de s'en garantir, comme l'on se garantit en gros contre le trouble résultant de la variation de l'unité de temps qu'est le mois : nous savons d'avance que Février est un mois court et Mars un mois long.

Pour ces trois raisons donc : universalité de son

usage ; emploi presque exclusif pour les contrats à terme ; invisibilité de ses caprices, notre dollar instable cause des désastres très supérieurs à ceux qui résulteraient des variations du mètre ou de la livre.

Injuste effet sur les créances

Qu'il y ait inflation et que le niveau des prix monte, le créancier perd et le débiteur gagne.

Cela paraît d'abord revenir au même, puisque le débiteur gagne exactement ce que le créancier perd, et l'on peut prétendre que la société ne subit aucun dommage, puisque la richesse générale n'est pas modifiée.

Mais la société ne s'appauvrit pas davantage lorsque des cambrioleurs dévalisent votre maison. Si l'on vient vous dire : ce que vous avez perdu, les cambrioleurs l'ont gagné, la consolation vous semblera mince. Le dollar est un cambrioleur impersonnel. De son fait, de légitimes propriétaires supportent une sorte de vol. L'effet n'en est point, du moins pour commencer, un appauvrissement général, mais une injustice sociale. Les lois sur les créances ne sont pas violées dans la lettre, mais dans l'esprit.

Exemples pris en Europe

Voici des exemples extrêmes, ce sont les plus frappants.

Un tailleur polonais. ayant décidé de se retirer des

affaires, vendit cent costumes pour 100.000 marks polonais et plaça le produit de cette vente sur une hypothèque à trois ans à 6 pour cent. À la fin de la troisième année, l'intérêt et le capital lui furent dûment rendus. Mais 118.000 marks polonais, à cette époque, formaient le prix d'un seul costume à peine. Nominalement, il avait reçu 6 pour cent d'intérêt ; en réalité, il avait à peu près tout perdu.

Un fameux professeur de Berlin avait retiré une petite fortune de la vente de ses livres. Il la plaça en rentes de père de famille, avec le dessein de vivre de son revenu. À la fin de la période d'inflation, le montant total de sa fortune, le fruit de toute une vie de labeur, ne valait pas un timbre-poste. Il était ruiné. La promesse de paiement avait-elle été violée ? Les marchandises avaient-elles monté de prix à cause de leur rareté ? Le professeur avait-il manqué de jugement ? Nullement, mais l'inflation avait déprécié le mark à près de 0.

Dans la ville de Budapest, une femme charitable avait formé une sorte d'hospice mondain pour les victimes de ce genre. Un de mes amis lui rendant visite, elle lui montra une sorte de petite chambre à coucher avec un lit de fer pour deux personnes et un lavabo fait d'une boîte de conserves. C'était la demeure de deux juges de la cour suprême qui avaient placé leurs épargnes en obligations des plus « sûres ».

L'un des témoins allemands qui apparurent devant le comité Dawes était un ouvrier, représentant, dit-il, 15.000.000 de travailleurs allemands. « Quel est, lui demanda-t-on, le principal désir du monde du travail ? - Une monnaie stable », répondit-il. Il ajouta que les ouvriers ne pouvaient plus épargner en vue des mauvais jours, ni mettre un peu d'argent de côté pour payer le docteur ou la sage-femme à la naissance du bébé, ou assurer le confort de leurs vieux jours ou régler les pompes funèbres. En une nuit, le mark perdait la plus grande partie de son pouvoir d'achat. Les soirs de paye, les femmes, se précipitant au-devant des hommes, leur arrachaient l'argent des mains pour courir chez l'épicier avant une nouvelle montée des prix.

Des millions d'épargnants européens virent leur épargne anéantie. Aveuglés par l'illusion de la monnaie, bien peu eurent le sens de retirer leurs, dépôts au début de l'inflation ; l'eussent-ils fait, que bien peu eussent su placer leur argent de manière, non pas à le perdre, mais à profiter du mouvement des prix.

Des millions d'hommes, appartenant à la classe moyenne, avaient placé leur fortune en obligations. La chute du mark polonais, du rouble russe, de la couronne autrichienne, les ruina complètement. Ces. rentiers, professeurs, avocats, juges, prêtres, médecins, employés, titulaires de livrets de caisse d'épargne, petits obligataires, bénéficiaires d'assurances sur la vie, sont devenus « les nouveaux pauvres » de l'Europe. Quelques-uns d'entre eux, qui espéraient se retirer à leur aise, sont aujourd'hui des manœuvres amassant à grand'peine de quoi vivre dans leur vieillesse.

Un économiste, le professeur James Harvey Rogers, cite un exemple frappant, pris en Autriche. Ainsi qu'il arrive dans ce pays, une banque possédait plusieurs fabriques de papier. Désirant éviter toute apparence de spéculation, elle avait adopté un certain mécanisme pour l'établissement de ses prix. À partir de la matière première, qui était la pulpe de bois, chaque opération était évaluée à un certain prix de revient, auquel le directeur ajoutait une certaine marge de bénéfice, 10 % pour l'une, 15 % pour l'autre, etc. le total devant donner un « prix équitable » pour le produit fini. De cette façon la comptabilité faisait apparaître un bénéfice raisonnable.

Il advint qu'un incendie détruisit l'une des fabriques et le directeur fut forcé de vendre le stock de pulpe au lieu de le soumettre aux opérations conduisant à la fabrication du papier. Or, entre le moment où cette pulpe avait été achetée et inscrite à l'inventaire pour un certain prix, et l'époque de la vente consécutive à l'incendie, la couronne s'était dépréciée à tel point que le prix de la pulpe, comme tous .les autres prix, avait subi une hausse énorme. Quand le prix de vente fut inscrit dans les livres, on vit que la fabrique brûlée avait fait un bénéfice plus considérable que celles qui continuaient à travailler. En réalité, elles avaient toutes fait une perte, mais la perte était moindre sur la pulpe brute que sur le papier.

Cependant, pendant le cours de l'inflation, le public, il est étrange de le constater, admet difficilement que la monnaie soit surabondante. Il se plaint qu'elle manque. Il en réclame toujours davantage.

Le 7 août 1923, le président de la Banque d'Empire, parlant devant le Reichtag, déclara, d'un ton fort naturel : « L'émission, actuellement atteint 63.000.000.000.000.000 ; dans quelques jours, nous serons en état d'émettre en vingt-quatre heures les deux tiers de la circulation totale. » Le plus étonnant fut l'absence d'étonnement chez les auditeurs. L'inflation se précipitait à une vitesse effroyable et sans cesse accrue ; personne ne paraissait se préoccuper de l'aboutissement inévitable. Optimisme qui rappelle celui du personnage dont parle William Lyon Phelps, de l'Université de Yale, et qui, tombant d'un 19e étage, murmurait, juste avant de toucher le sol : « Jusqu'ici, tout va bien. »

Des fortunes s'édifient en temps d'inflation ; il suffit de contracter de larges dettes, qui se trouvent annulées par la dépréciation monétaire. Exemple Hugo Stinnes, le fameux millionnaire allemand. Mais, parfois aussi, les individus ou les familles qui avaient profité de l'inflation se trouvent pris par le jusant de la déflation et précipités à la ruine. Exemple encore les héritiers de Stinnes.

Figure IV :

Intérêt illusoire sur une somme épargnée.

En 1920, dépôt accru par l'intérêt composé à 4 1/2% = 300 dollars

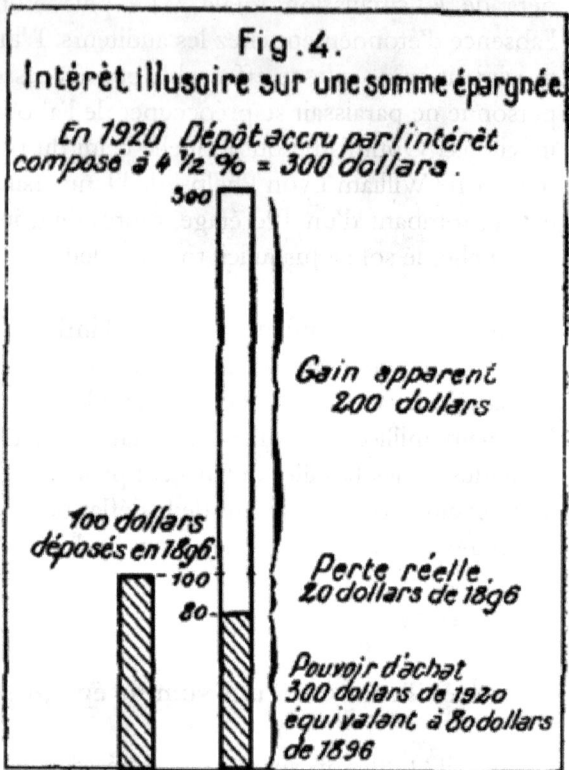

Fig. 4.
Intérêt illusoire sur une somme épargnée.

En 1920 Dépôt accru par l'intérêt composé à 4½% = 300 dollars.

300

Gain apparent
200 dollars

100 dollars
déposés en 1896.

-100

80-

Perte réelle.
20 dollars de 1896

Pouvoir d'achat
300 dollars de 1920
équivalant à 80 dollars
de 1896

EXEMPLES PRIS AUX ÉTATS-UNIS

L'Amérique même n'a pas échappé à ces maux, Un ouvrier qui, en 1896, avait mis cent dollars à la caisse d'épargne, constatait, en 1920, que son dépôt, accru des intérêts composés à 4,5 %, montait environ à 300 dollars. En apparence, il retrouvait son capital avec 200 dollars de profit, qu'il tenait pour la récompense de son économie.

Mais ce profit était illusoire, comme celui que faisait ma boutiquière de Berlin sur les chemises qu'elle vendait, ou celui encore des fabriques de papier autrichiennes. Lorsqu'en effet, notre épargnant américain venait de dépenser ses 300 dollars en 1920, il se trouvait en face de prix quadruples de ceux de 1896. Ainsi, ses 300 dollars valaient à peu près les trois quarts des 100 dollars primitifs. Si, en 1896, au lieu de mettre ces 100 dollars à la banque, il les avait consacrés à l'achat de meubles, de bijoux ou de tout autre marchandise non périssable, il aurait. eu, pendant cette période de 24 ans, la satisfaction de posséder ces objets, le profit de leur usage et la faculté de les revendre au moment où les prix avaient quadruplé. Son économie n'avait pas été récompensée, mais punie. Il avait perdu, non seulement son intérêt, mais une partie de son capital.

La figure IV nous montre le gain apparent de notre épargnant et sa perte réelle. La perte de 20 dollars de 1896 est égale, en pouvoir d'achat, à une perte de 75 dollars de 1920.

Avant 1896, Hetty Green et Russel Sage avaient fait fortune grâce à un système de prêts à intérêts modérés. Ce même système, appliqué pendant la période de 1896 à 1920, ne leur eût procuré que des pertes en échange de tout leur travail. Supposons que Sage eût commencé en 1896 avec un million de dollars, placés à 4,5 % d'intérêt, et replacés d'année en année aux mêmes conditions. Il se fût trouvé exactement dans la même situation que notre épargnant de tout à l'heure, mais sur une échelle plus grande. En 1920, il eut possédé trois millions de dollars, mais valant 800.000 dollars de 1896.

Pour les riches comme pour les pauvres, à cette époque, l'économie fut, non pas récompensée, mais punie.

OBLIGATIONS ET HYPOTHÈQUES AUX ÉTATS-UNIS

Toute obligation-or achetée en 1896, se trouva constituer, entre cette date et 1920, une véritable escroquerie. Cependant, à cause de l'illusion de la monnaie, peu de personnes s'en rendent compte.

L'Université de Yale subit de lourdes pertes pendant cette période d'intérêts illusoires. Elle a demandé récemment une nouvelle subvention de 20 millions de dollars, et M. Angell, son président, a motivé en grande partie cette demande par la chute du pouvoir d'achat de notre monnaie. 7 millions de dollars de la nouvelle subvention furent présentés, dans la requête, comme nécessaires à restaurer le pouvoir d'achat du revenu des obligations, hypothèques et billets à ordre détenus par l'Université en 1914. Naturellement, des pertes du même genre ont été subies par d'autres Universités, fondations, hôpitaux et églises.

Un homme d'affaires, qui s'enorgueillissait de la sécurité de ses placements, expliquait récemment que, pendant toute la durée de sa gérance, appliquée à une fortune de 30 millions de dollars, il n'avait jamais perdu un sou. Un jeune homme qui venait d'ouvrir un bureau de « Conseiller en placements » parvint à le convaincre que, au contraire, grâce à la règle qu'il avait suivie de ne jamais placer d'argent qu'en obligations et hypothèques, il avait perdu, en réalité, les deux tiers de la valeur primitive de ladite fortune. La dépréciation du capital échappait à ce gérant si prudent, qui calculait avec minutie l'avantage d'une fraction d'intérêt sur ses placements prétendus sûrs.

John E. Rovensky, premier vice-président de la Banque d'Amérique, a bien exprimé cela : « Quelle ironie que de voir les banquiers débattre pendant des journées si une obligation de 20 ans doit être présentée au public à 4,75 ou 4,78%, lorsqu'on ignore si le capital sera remboursé à 80, 100, ou 120%. Nous consacrons des volumes à l'étude des tendances de l'intérêt, qui peut monter de 1 ou 2% en 10 ans, et nous laissons 4 la chance et à des mesures prises au hasard le soin des variations de capital de l'ordre de 10 ou de 20%. Heureusement, les gens d'affaires et les banquiers de notre pays commencent à comprendre le problème et se montrent disposés à contribuer à l'étude du mal et de ses remèdes. »

INTÉRÊT RÉEL ET INTÉRÊT MONÉTAIRE

L'illusion de la monnaie, qui nous cache la distinction entre les salaires réels et les salaires monétaires, cache de même la distinction entre l'intérêt monétaire et l'intérêt réel. En l'absence de prix stables, le taux de l'intérêt, exprimé en argent, n'est pas égal au taux de l'intérêt exprimé en marchandises. Si le niveau des prix monte de 1% par an, un intérêt de 5% ne vaut que 4%, exprimé en pouvoir d'achat. Si les prix baissent de 1%, le 5% nominal vaut en réalité 6%.

De 1896 à 1920, l'intérêt réel, comme nous l'avons vu, fut entièrement détruit ; il était inférieur à 00. Mais en 1921, année de déflation, l'intérêt réel monta jusqu'à 60%. C'est pourquoi, en gros, un millionnaire américain bien connu, surpris par la baisse dans une position de débiteur, perdit presque toute sa fortune, évaluée à 150 millions de dollars.

LE FERMIER AMÉRICAIN

À cette même époque, les fermiers souffrirent et nous savons tous que leurs souffrances ne sont pas terminées. Notre capricieux dollar avait renversé la situation à leur désavantage.

Pendant la période d'inflation et de prix croissants, nos fermiers, alléchés par l'espoir de gros gains et pressés par les orateurs patriotiques de gagner la guerre en produisant à force le blé, le maïs, les cochons, les bœufs, accrurent la surface et le rendement de leurs champs bien au-delà de la normale du temps de paix. Beaucoup d'entre eux furent ainsi conduits à acheter des terres à des prix proportionnés à leurs profits temporairement accrus. L'excès de la production était un mal en soi ; mais l'excès de la spéculation immobilière fut pire.

Le remède eût été possible si les prix étaient restés à peu près stables aux environs du maximum de 1920. Mais la déflation se produisit. Des fermiers qui avaient étendu leurs cultures en comptant vendre leur blé à 2 dollars 50 par boisseau, se trouvèrent incapables de le vendre à un dollar, bien que la moitié du monde souffrît de la disette et qu'un dixième peut-être des habitants de la terre fussent en proie à une véritable famine. Victimes de leur patriotisme ou de leur esprit de lucre, ces fermiers, qui avaient acheté leurs terres à crédit, ne purent achever de payer les hauts prix qu'ils avaient souscrits. Défaillant aux échéances, ils perdirent, et leurs terres, et les paiements déjà effectués.

Là-dessus, des milliers de banques se trouvèrent acquérir des vingtaines de milliers de fermes, non qu'elles les désirassent, mais parce que c'était le seul gage qu'elles pussent réaliser. Des centaines de ces banques tombèrent en faillite et les faillites de banques, à leur tour, provoquèrent la faillite d'usines et de maisons de commerce.

VEUVES ET ORPHELINS

Les veuves et les orphelins sont les victimes spéciales des placements dits sûrs.

En 1892, une dame avait reçu à la mort de son père un legs de 50.000 dollars. C'était l'époque où le pouvoir d'achat de notre monnaie était à peu près le plus fort. Elle confia ce capital à un homme d'affaires, qui le plaça en obligations dites sûres.

En 1920, j'accompagnai cette dame chez son homme d'affaires, qui se mit à expliquer toutes les précautions qu'il avait prises pour ses placements. Il conclut que le capital était resté intact, hormis 2.000 dollars, dont la perte, raconta-t-il avec beaucoup de détails, n'était pas due à une faute de sa part, mais à un placement imprudent fait par le défunt, qui avait acheté je ne sais quelles obligations de chemins de fer.

Comme je le regardais d'un air amusé, il m'en

demanda la raison :

- Vous dites, répondis-je, qu'il y a eu une perte de 2.000 dollars sur 50.000, soit de 4 %. Je calcule, moi, que la perte a été d'à peu près 75 %.

- Qu'entendez-vous par là ? dit-il. Voulez-vous que je vous montre mes livres ?

Je lui expliquai que je ne mettais nullement son honnêteté en doute, mais que les 50.000 dollars qui lui avaient été remis étaient l'équivalent de 190.000 dollars en 1920.

- Ces 190.000 dollars, ajoutai-je, vous ne les avez pas. Vous venez de dire que vous n'en aviez que 48.000. La perte est donc de 75%. En outre, vous avez payé chaque année à cette dame 2.500 ou 3.000 dollars par an. C'est de cela qu'elle a vécu. Vous et elle, vous appeliez cela du revenu. En fait, elle a constamment mangé son capital. Pour maintenir le capital à son pouvoir d'achat primitif, il eût fallu replacer chaque année une partie suffisante du revenu pour compenser la dépréciation du principal. Mais cela n'était pas possible, car, même si vous aviez placé le total des intérêts, vous n'auriez pas atteint actuellement les 190.000 dollars nécessaires. En outre, ces 2.500 ou dollars que vous lui avez payés, valent aujourd'hui le quart de ce qu'ils valaient au début de vos paiements. Tout revenu fixe sera une illusion et un piège aussi longtemps que le dollar restera instable. Votre comptabilité est fausse, parce que vous employez une unité fausse qui vous joue les tours les plus pendables et -mêle l'intérêt avec le capital. Le dollar est variable, tout comme le mark : 50.000 dollars, aujourd'hui, ne sont plus 50.000 dollars de 1892.

Il reconnut la justesse de ce raisonnement, mais insista :

- Cela n'est pas ma faute.

- Cela n'est pas votre faute individuelle, répondis-je, mais vous autres qui professez la mission de prendre soin des biens des veuves et des orphelins, vous avez le devoir de VOUS intéresser à ces grands problèmes qui sont l'affaire de tout le monde et ne sont l'affaire de personne.

- Mais, répliqua-t-il, tout le monde subit des pertes, n'est-ce pas ? du fait de la cherté de la vie.

- Non, répondis-je, ce que cette dame a perdu, d'autres l'ont gagné. Et cela n'est pas leur faute non plus si ce grand jeu leur a été favorable. C'est la -faute du dollar variable, c'est la faute de tous ceux d'entre nous qui ne s'emploient pas à corriger ses fluctuations.

Qui, demanda-t-il, a gagné ce qu'elle a perdu ?

Madame, répondis-je, est une créancière, puisqu'elle possède des obligations. Ceux qui ont gagné sont les débiteurs, c'est-à-dire les actionnaires. »

Dans quelles poches a passé l'argent ?

La loterie se joue entre actionnaires et obligataires. Prenons une compagnie qui, en 1913, avait émis 100 millions d'actions et 100 millions d'obligations. Elle distribuait 10 millions d'intérêts : 5% sur les actions, 5 millions sur les obligations. Nous supposerons, pour plus de simplicité, que les 10 millions ainsi distribués représentaient son bénéfice total.

Supposons maintenant que le pouvoir d'achat du dollar diminue de moitié, ce qui a eu lieu en fait entre 1913 et 1919. La compagnie, par hypothèse, fait le même volume d'affaires, mais à des prix doubles. Le bénéfice est doublé en dollars, puisqu'il représente la différence entre des recettes doubles et des dépenses doubles. Le profit de la compagnie ,est maintenant de 20 millions, qui n'ont d'ailleurs en réalité que la valeur des 10 millions d'avant-guerre.

Comment, en 1919, vont se distribuer les 20 millions de profits ? Les obligataires, par contrat, touchent toujours leur 5%. Ils vont recevoir 5 millions, c'est-à-dire une valeur moitié moindre qu'en 1913. Le reste, c'est-à-dire 15 millions, ira aux actionnaires, qui toucheront nominalement le triple de dividende d'avant-guerre, et, en réalité, une fois et demie la valeur qu'ils recevaient en 1913.

Ainsi, sur une valeur égale, les actionnaires gagnent ce que perdent les obligataires. L'inflation, oh ! tout impersonnellement, a pris dans les poches des uns des dollars qu'elle met dans la poche des autres.

Supposons maintenant que le vent souffle de l'autre côté. Effet contraire. Supposons que les prix tombent à 50% du fait de la déflation ; les dépenses et les recettes de la compagnie sont réduites à la moitié, le profit aussi.

La compagnie distribuera, non plus 10 millions de dollars, mais 5 millions qui vaudront d'ailleurs, en pouvoir d'achat, les 10 millions antérieurs. Cette fois, forts de leurs contrats, les obligataires absorberont la somme à distribuer sans laisser un sou aux actionnaires. La compagnie se trouve sur le bord de la faillite. Que le phénomène s'aggrave, elle entrera en liquidation. On incriminera ses directeurs ; mais c'est le voleur dollar qui a fait tout le mal.

Le fermier dont nous parlions plus haut peut être assimilé à l'actionnaire, l'obligataire étant représenté par son créancier. L'inflation favorise le fermier aux dépens de la banque. La déflation le ruine, comme nous l'avons vu.

DETTES DE GUERRE

Les gouvernements perdent aussi et gagnent à ce grand jeu. L'inflation et la déflation produisent d'intéressants effets sur les dettes énormes nées de la guerre. Dans un mémoire publié par la Société des Nations sur les finances publiques de 1922 à 1926, les dettes de différents pays sont données avec leurs équivalents en pouvoir d'achat d'avant-guerre.

Nous voyons que l'Italie, avant 1914, devait 16 milliards de lires et qu'en 1925 sa dette était réduite à l'équivalent de 13 milliards en dépit de l'énorme accroissement résultant des dépenses de guerre. Le gouvernement italien a gagné là ce que ses créanciers, italiens ou étrangers, ont perdu.

La dépréciation du mark allemand a anéanti la dette

intérieure de l'Allemagne. Après la disparition du mark-papier, le gouvernement de Berlin eut la bonne grâce de « revaloriser » cette dette, s'engageant à en payer une partie, de sorte qu'il doit à ce titre l'équivalent de 1.750.000.000 de marks-or. Les individus et les sociétés n'ont pas toujours été si généreux. Une grande compagnie de navigation allemande passe pour avoir remboursé le total de ses obligations, qui montaient primitivement à des millions et des millions, pour l'équivalent de 1.100 dollars.

Les seuls États belligérants dont les dettes de guerre n'aient pas été en grande partie annulées par l'inflation sont, semble-t-il, les États-Unis, la Grande-Bretagne et les Dominions de l'Empire britannique. La guerre a multiplié la dette du Canada par plus de 4 1/2 ; celle de l'Angleterre par 6 1/2 ; celle de l'Amérique par 11 ; celle de l'Australie par 14.

Des considérables allégements de dettes qui ont eu lieu, il ne faut pas conclure que le coût de la guerre a été diminué par l'inflation. Ce que les gens ont gagné comme contribuables, ils l'ont perdu comme rentiers ou épargnants. Le poids de la dette est resté le même ; il a simplement passé des épaules du contribuable sur celles des créanciers.

L'injustice ainsi produite par la dévaluation des dettes de l'État se retrouve, plus grande encore, dans les dettes particulières. Pour la plupart, les créanciers particuliers furent naturellement obligés d'accepter une monnaie dépréciée pour le remboursement de leurs créances.

De même pour les assurances. Un contrat d'assurance prévoit le paiement d'une certaine somme à une date future, sans rien stipuler quant au pouvoir d'achat de la somme qui sera payée. En Europe, l'inflation priva les veuves de la plus grande partie du bien-être que leurs maris avaient entendu leur garantir. Aux États-Unis même, une veuve touchant, en 1920, le capital de 10.000 dollars qui lui était dû à la mort de son mari, ne recevait que le quart de la valeur promise.

SALAIRES ET GAGES

Les contrats de salaires ou de gages rentrent aussi dans le cas des obligations. Bien qu'ils soient conclus pour des périodes de temps plus courtes et puissent donner lieu à des réajustements, il est rare que leur adaptation puisse se produire avec assez de souplesse. Quand les prix montent, les salaires et les gages ressemblent à un voyageur courant après le train qu'il vient de manquer. Le doyen d'un collège de l'Ouest m'écrit qu'il a débuté en 1914 au traitement de 2.800 dollars. Il pouvait espérer une augmentation sérieuse au bout de 11 ans de service. Or, en 1925, il recevait 5.000 dollars par an. Augmentation notable en apparence, mais presque nulle en réalité, puisque les 5.000 dollars de 1925 valent à peu près 3.000 dollars de 1914.

ÉTENDUE DE CETTE INJUSTICE

Ainsi, comme nous l'avons vu, du fait de l'inflation ou de la déflation, les poches des uns se vident au profit de celles des autres. Il y a transfert de propriété, sans le consentement des parties, et sans décision de justice.

C'est un vol impuni, bien qu'il soit contraire aux principes de notre droit, à la constitution des États-Unis, à l'esprit de nos tribunaux.

Aux États-Unis seuls, où le mal a été proportionnellement beaucoup moindre que dans les autres pays, et pour la seule période de six ans courant de 1914 à 1920, un de nos meilleurs statisticiens, le professeur Wilford I. King, du Bureau National des Recherches Économiques, estime le montant total de cette inconsciente flibusterie à 60 milliards de dollars.

Méditez ce chiffre. Supposez qu'un vol de 60 millions ait été commis dans une banque. La nouvelle s'étalerait à la première page de tous les journaux. Or, le vol subtilement accompli par l'inflation, quoique mille fois plus considérable, n'a été aperçu de personne, et aujourd'hui encore tous ne s'en rendent pas compte. Illusion de la monnaie ! c'est grâce à elle que les victimes de la confiscation ne déposent pas une plainte en vue d'obtenir la restitution de leur propriété légitime et la correction du dollar malfaisant. C'est elle qui nous évite les protestations, les risques, les révoltes.

LES MINES D'OR, OBJETS DE JEU

Dans la situation actuelle, tout contrat conclu dans un pays à étalon d'or est une spéculation sur la valeur future de l'or. Que de nouvelles mines ou de nouveaux procédés scientifiques soient découverts, qu'un nouveau système bancaire soit établi permettant d'économiser l'or, la valeur du métal tombera. Elle haussera, si la production diminue. Les contrats en or sont des paris inconscients sur l'un ou l'autre des deux termes de l'alternative.

Vous me promettez de me payer mille « dollars », dans cinquante ans. Qu'est-ce que cela signifie ? Ce qui m'est promis, c'est le paiement de mille X, quantité inconnue. La promesse m'est garantie par des cautions, par des hypothèques, etc., mais la valeur de l'X promis ne m'est garantie par rien du tout ; notre paresse d'esprit nous persuade qu'elle restera constante. Placements « sûrs » ; « obligations » ; quelle moquerie ! Tant que la valeur du dollar reste incertaine, chaque contrat en dollars est une loterie, chaque contractant est un spéculateur sans le vouloir.

Ces rentiers même, acheteurs de bons « dorés sur tranche », et qui reculeraient devant l'idée de prendre des actions de mines d'or, placent leur fortune entière sur le produit capricieux de ces mines. Pendant la dernière génération, ils ont, à ce jeu, perdu beaucoup plus que tous les joueurs du monde à la fois. Aujourd'hui encore, des centaines de milliards sont représentés par des bons libellés en monnaie d'or et dont les possesseurs demeurent dans une benoîte ignorance du risque qui les menace.

Pour l'homme d'affaires, le risque des variations de l'or s'ajoute aux risques inhérents à ces entreprises. L'incertitude est toujours nuisible aux affaires ; elle paralyse l'effort. Celle qui concerne le pouvoir d'achat du dollar est la pire des incertitudes.

Inutile d'incriminer les gagnants de la loterie. Le public a tort lorsqu'il attribue les bas prix à la conjuration des perfides rentiers ; il a tort quand il attribue la cherté de la vie à la turpitude personnelle des spéculateurs. Ni les uns ni les autres ne sont responsables. Ils ont volé sans le vouloir. Joueurs inconscients, ils ont joué parce qu'ils ne pouvaient pas ne pas jouer. C'est le jeu qu'il faut supprimer au lieu de jeter la pierre aux joueurs.

L'un des principaux signes d'un haut degré de civilisation est la réduction des risques et la diminution des dangers qui menacent la vie et la propriété. D'où les méthodes de plus en plus perfectionnées d'assurances. D'où les campagnes de prévoyance. D'où la garantie gouvernementale donnée à nos poids et mesures - excepté à la mesure la plus importante. Notre dollar instable est un reste de barbarie.

CHAPITRE V

DOMMAGES INDIRECTS

L'INSTABILITÉ DE LA MONNAIE FAIT L'INSTABILITÉ DES AFFAIRES

L'espèce de vol effectué au dépens des uns et au profit des autres, n'est que le premier des effets produits par l'instabilité de la monnaie. Nous allons en étudier maintenant les autres conséquences, qui dérivent d'ailleurs de celle-là.

D'abord, l'instabilité de la monnaie explique, au moins en partie, ces fluctuations économiques que l'on considérait jusqu'ici comme mystérieuses, et qu'on appelle le « cycle des affaires ». Brusque hausse, resserrement, liquidation, assainissement. Les motifs de cette sorte de rotation sont longtemps demeurés secrets. Les raisons qu'on en donnait, bien que contenant des parcelles de vérité, étaient aussi incomplètes et aussi peu convaincantes que les explications de la boutiquière allemande qui me vendait des chemises et dont j'ai parlé dans le premier chapitre. L'illusion de la monnaie aveuglait les économistes comme elle aveuglait cette bonne femme. L'instabilité de la monnaie reste dans la coulisse ; ses tours sont des tours de prestidigitation. Ce n'est que par l'analyse économique et statistique que l'on s'aperçoit enfin que la fluctuation des affaires est dominée en grande partie par les changements du pouvoir d'achat du dollar.

La dépréciation monétaire, « hausse des prix », stimule les affaires ; l'appréciation monétaire, « baisse des prix », les déprime. La raison est simple. Quand les producteurs commencent à majorer leurs factures, ils n'ont pas, du moins au début, à subir des prix de revient proportionnellement majorés : les salaires, par exemple, ne montent pas tout de suite, étant fixés par contrat pour des mois ou pour des années ; de même l'intérêt des, dettes reste fixe. Ainsi, les dépenses totales montent moins vite que les recettes totales et le profit augmente.

Or, celui qui bénéficie de cette situation est le capitaine d'industrie, qui règle à son gré le rythme de la production. Les bénéfices s'accroissant, il accroîtra le volume de ses affaires.

Mais il n'échappe pas, lui non plus, à l'illusion de la monnaie. Par exemple, en période d'inflation, le prix des matières premières paraît plus bas qu'il n'est en réalité. Car, au moment où ces matières premières ont été payées, le dollar valait davantage qu'au moment où le produit fini a été vendu. Ainsi, les dollars du prix de revient ne sont pas les mêmes que ceux du prix de vente, et notre industriel est sujet à la même erreur que ma boutiquière allemande ou les papetiers autrichiens. Plus d'un fabricant, victime de hauts profits chimériques, s'est laissé aller à accroître sa production en contractant des dettes, pour se trouver, au renversement de la marée, ruiné par l'excès même du développement de ses affaires.

Ainsi, en faussant les comptabilités, l'instabilité du dollar tend à stimuler exagérément la production en période d'inflation et à la déprimer exagérément en période de déflation. Les maladies des affaires sont la conséquence des maladies du dollar. Les études statistiques montrent qu'à chaque baisse dans le pouvoir d'achat du dollar correspond, un peu plus tard, un accroissement du volume des affaires, tandis qu'à chaque hausse du dollar, correspond, avec un peu de retard également, une diminution de ce volume. Les statistiques des banqueroutes et du chômage manifestent une relation du même genre. La figure V nous permet de comparer la courbe des prix et celle des affaires.

L'instabilité de la monnaie fait l'instabilité du marché du travail

Peu de problèmes ont paru plus mystérieux que celui du chômage, si important pourtant et si souvent étudié.

La relation qui existe entre l'instabilité du marché du travail et celle de la monnaie a fait l'objet d'une grande enquête effectuée par le Bureau International du Travail, créé à Genève en 1920. M. Henri Fuss, chef du service de chômage à ce bureau, a montré que, pendant la période 1919-1925, la déflation, qui s'est produite dans vingt-deux pays, fut suivie par la dépression des affaires et par un chômage croissant, hormis trois exceptions d'importance négligeable.

Aux États-Unis et en Angleterre, la déflation de

1920-1921 jeta trois millions d'ouvriers sur le pavé et le chômage produisit une agitation révolutionnaire. En Angleterre, une seconde déflation fut provoquée, en 1925-1926, par le désir de ramener la livre à l'étalon d'or, c'est-à-dire à l'ancien taux de 4,87 dollars. Nouvel accroissement du chômage et des troubles ouvriers, et, cette fois, la grève la plus formidable de l'histoire britannique. Le ministre anglais de l'intérieur en a estimé le prix, pour la nation, à deux milliards de dollars : « Elle nous a coûté plus cher que la guerre sud-africaine ». Sans doute, d'autres causes ont joué dans l'occurrence, niais la déflation en formait le facteur principal et son action fut d'autant plus redoutable qu'elle restait cachée grâce à l'illusion de la monnaie.

Figure V :

Changements dans le niveau des prix et le volume du commerce

Fig. 5.
Changements dans le niveau des prix et le volume du commerce.

Cette seconde déflation anglaise a d'ailleurs tendu à faire baisser les prix sur le marché américain ; et la déflation américaine est, à mon avis, une des causes du chômage que l'on constate aujourd'hui aux États-Unis.

La Pologne observa une conduite plus sage que l'Angleterre. L'inflation d'après-guerre avait produit des effets désastreux sur les changes, les salaires, les impôts. Puis, au prix de beaucoup de peine, l'étalon d'or avait été rétabli. Pendant les deux années d'inflation qui suivirent à nouveau le mois de juin 1924, les prix, en Pologne, remontèrent de plus de 50%. La commission Kemmerer jugea avec raison qu'il était peu sage, économiquement, et politiquement impraticable, d'essayer de ramener le zloty au pair du franc d'or. Ils conseillèrent de stabiliser au taux qui venait d'être atteint. Ainsi, la Pologne évita le chômage et la dépression économique qui avait suivi la politique de déflation en Angleterre.

L'INTÉRÊT DES OUVRIERS

Les ouvriers ont un intérêt tout spécial à la stabilisation de la monnaie. Ils sont les victimes du chômage consécutif à la déflation, mais aussi de la cherté de la vie provoquée par l'inflation. Dans certaines classes, il existe au moins des chances de bénéficier de temps à autre de la variation des prix ; le travailleur, lui, se montre sans défense ; il perd sur les deux tableaux.

Quand les prix montent, à la vérité il trouve plus facilement de l'embauche, mais les salaires sont moins rémunérateurs et restent presque toujours très en retard sur l'élévation du coût de la vie. On le vit bien en Allemagne au début de la grande inflation qui commença vers le milieu de 1922. Certaines semaines de janvier 1923, le salaire des ouvriers qualifiés avait atteint le coefficient 500 par rapport à 1913. Mais le coût de la vie était, de son côté, multiplié par 1.100, de sorte que les 18.000 marks hebdomadaires de l'ouvrier de 1923 n'achetaient pas tout à fait la moitié des marchandises correspondant aux 35 marks de 1913.

En fait, pendant toute la période de la grande inflation, une course au clocher se poursuivit entre le coût de la vie et le taux des salaires. Vers la fin de cette période, les salaires étaient réajustés quotidiennement avec l'indice du coût de la vie. Mais, pour les manœuvres comme pour les ouvriers qualifiés, il restait constamment en retard sur la formidable montée des prix. La seule exception se produisit pour les mineurs, à cause de l'importance spéciale du charbon pour les paiements de réparation ; les mineurs jouirent d'une préférence spéciale, et, en certains mois de 1923, notamment avril et août, le pouvoir d'achat de leur salaire était supérieur à celui de 1913.

Les cimes de l'absurdité furent atteintes en décembre 1923, au moment où le salaire hebdomadaire d'un ouvrier de la métallurgie approcha de 30 millions de millions de marks, soit 850 milliards de fois le salaire de 1913, tandis que le coût de la vie était, de son côté, multiplié par 1.250 milliards. Notre Crésus fondeur ou tréfileur, la bourse gonflée de trillions, parvenait à peine à payer le boucher, le boulanger et le fabricant de chaussures de papier, puisque ses 30 trillions valaient à peine 70 % des 35 marks de 1913.

Une hausse des salaires survenant en même temps qu'une hausse plus rapide des prix est bien, comme le dit Edouard A. Filene, une « duperie ». Si l'ouvrier s'en contente, c'est qu'il est la victime de l'illusion de la monnaie. Le jour où il s'aperçoit de la différence entre le salaire monétaire et le salaire réel, il sera porté à incriminer son patron au lieu de s'en prendre au mark ou au dollar.

Dans le cas inverse, quand les prix baissent, les salariés qui ont la chance de conserver leur emploi voient leur bien-être passagèrement accru par le coût diminué de la vie. Mais le chômage s'étend et la baisse des prix finit, en moyenne et à la longue, par faire tort à l'ouvrier même.

Ainsi, dans les deux cas, les ouvriers perdent, soit, en temps d'inflation, par suite de salaires insuffisamment adaptés, à la montée des prix, soit, en temps de déflation, par suite du chômage.

MÉCONTENTEMENT POPULAIRE

Nous avons vu, dans le dernier chapitre, l'injustice résultant de l'instabilité de la monnaie. Nous venons de voir, dans les précédents paragraphes, l'irrégularité que cette même instabilité provoque dans les affaires, dans l'industrie, sur le marché du travail.

De ces deux maux économiques, dérive un troisième mal, celui du mécontentement public. Le mystère même dont s'enveloppe le changement du pouvoir d'achat du dollar contribue à ce mécontentement

Un aliéniste qui s'intéressait à ce problème a remarqué que l'instabilité de la monnaie est, une folie sociale analogue à la folie chez l'individu. L'individu, victime d'un détraquement intérieur, ignore la cause de son mal ; l'inquiétude s'empare de lui, il s'en prend à tout le monde. De même, le public, ignorant du mécanisme de l'inflation et de la déflation, s'imagine avec vivacité qu'une canaille quelconque s'enrichit à ses dépens. Que la baisse des prix favorise l'obligataire, celui-ci se voit qualifié, comme en 1896, à l'époque de M. Bryan, de « bête dorée de Wall street » ou de « rentier bouffi de graisse ». Banquiers et prêteurs deviennent la cible du mécontentement populaire. Que les prix montent à nouveau, tout industriel, tout commerçant devient un profiteur.

Injuste colère. Comme nous l'avons vu, ni le rentier bouffi, ni le profiteur ne sont responsables du profit qu'ils retirent de la marée des prix. En 1919, à New-York, un marchand de bois, qui ne voulait pas être appelé profiteur, essaya d'établir le prix de ses planches par un système de pourcentages arbitraires, comme notre banque autrichienne du chapitre précédent avait calculé le prix de son papier. Il s'aperçut brusquement de son absurdité en découvrant, un beau jour, qu'il vendait, sans le savoir, son bois, non pas au public, dont il redoutait les sarcasmes, mais aux commerçants de gros qui le lui avaient primitivement vendu et qui trouvaient avantage à le lui racheter plutôt qu'à passer de nouvelles commandes aux scieries.

Quoi qu'il en soit et quelle que soit la validité de ces motifs, le mécontentement populaire sait toujours le sillage de l'inflation ou de la déflation. Les ouvriers, qui se sentent lésés, ne fardent pas à se dire exploités. De là la haine qui naît en eux contre l'état social. De là le bolchevisme. Lord d'Abernon a dit, dès avant la fin de la guerre, que le bolchevisme est dû en grande partie au changement intervenu dans le pouvoir d'achat de la monnaie. C'est un effort grossier pour remédier à une injustice sociale dont une large part est le résultat de l'instabilité de l'étalon monétaire.

CONFLITS DU TRAVAIL

Si raisonnables qu'on puisse être des deux parts, ouvriers et patrons entrent en conflit du fait de l'instabilité de la monnaie. Lord Vernon l'a bien montré. Quand les prix montent, les ouvriers se plaignent du coût de la vie et réclament une augmentation de salaire. Demande raisonnable, mais que les patrons ne satisferont pas tout de suite, surtout s'ils ont un contrat à long terme avec leurs ouvriers. Alors, bien souvent, c'est la grève. Que les prix baissent, au contraire, les patrons essaieront de réduire les salaires. Désir également raisonnable, mais auquel les ouvriers résisteront presque certainement, surtout s'ils peuvent se prévaloir d'un contrat ferme. Et alors, vraisemblablement, c'est le lock-out.

Nous lisons, dans la brochure publiée par lord Vernon sur *le Charbon et l'Industrie* :

« Si la dispute s'envenime, le gouvernement interviendra, une enquête aura lieu : Commission Sankey de 1919 ; Commission Samuel de 1926. Finalement, les salaires seront augmentés ou diminués, qu'il y ait eu ou non cessation de travail, mais en tout cas après bien des injures, des malentendus, des suspicions, de l'amertume.

« Voilà ce qu'on appelle « procéder aux ajustements nécessaires », c'est-à-dire à l'adaptation des salaires à la valeur variable de l'argent. Notons que dans le premier des deux exemples qui viennent d'être donnés (inflation) le début du mouvement se déclenche par la variation des prix de détail, par le mécontentement du mineur qui va faire ses emplettes, et dans le second (déflation), c'est le changement des prix de gros qui se fait tout d'abord sentir, par les pertes que supporte la direction des mines au moment où elle vend son charbon.

« Quel que soit le sens dans lequel le mouvement se produise, il n'est agréable à aucune des deux parties. Aucun patron raisonnable n'aime les réductions de salaires, ni les lock-out ; les ouvriers, de leur côté, redoutent les grèves. Dans les deux camps, on se trouve victime de circonstances qui échappent à l'action directe des individus, et, si mon analyse est fidèle à la réalité, elle montre ce qu'il y a de puéril dans les sentiments de colère qui accompagnent si fréquemment les grèves et les lock-out. »

PERTE NETTE EN TOUS CAS

En commençant notre étude des dommages provoqués par l'instabilité de la monnaie, nous avons constaté que la fausse comptabilité résultant du dollar variable avait pour conséquence un transfert de valeurs d'une classe de la société à une autre classe. Il nous semblait que, ce que les uns perdaient, d'autres le gagnaient.

Mais il nous apparaît maintenant que les pertes excèdent les gains, en raison des dommages indirects causés par l'incertitude, la dépression, le chômage, le mécontentement, les grèves, les lock-out, le sabotage, la violence, le bolchevisme. Une perte nette se produit, soit que les prix montent, soit qu'ils descendent.

Lorsque les prix montent, les affaires sont temporairement stimulées. Mais la « prospérité » dont on parle alors est en grande partie illusoire. Les obligataires, la plupart des salariés, tous les individus jouissant de revenus fixes ou à peu près fixes, se sentent alors fort peu prospères. Ce terme de « prospérité » est une expression d'homme d'affaires. Il qualifie la condition d'une classe plutôt qu'il ne décrit un bien-être général. La « prospérité » qui accompagne l'inflation n'exprime que les profits accrus d'une certaine classe aux dépens du bien-être des autres classes.

En outre, comme il arrive pour le jeu, les gains même des joueurs heureux se dissipent en grande partie. Si les prix continuent à monter, les grèves et les violences qui en sont le résultat suppriment les bénéfices des gagnants en arrêtant les roues de l'industrie et en détruisant ses outils. Il ne s'agit plus alors de savoir qui encaisse les profits, mais s'il reste des profits à encaisser. Économiquement parlant, l'Allemagne a souffert, après la guerre, du fait de son inflation colossale, probablement plus que pendant la guerre, du fait de la guerre elle-même.

De même, en période de baisse de prix, le gagnant,

qui est cette fois le créancier, ne verra sans doute pas ses gains se poursuivre indéfiniment. En général, l'obligataire, le simple rentier, ne prend pas une part directe aux affaires ; il manque du tempérament et de l'expérience nécessaires pour supporter les risques et le poids de la direction d'une entreprise. Or, après quelques années de baisse des prix, pendant lesquelles, sans le savoir, il a sucé le sang de l'usine ou du magasin dont il détient les titres, le jour où le directeur et les actionnaires renoncent à la lutte et mettent la clef sous la porte, ruinés, discrédités, humiliés, incapables d'expliquer et même de comprendre les causes du désastre, l'usine ou le magasin, gage de la créance, tombe aux mains des obligataires ou de leurs conseils juridiques. Rien, chez ces rentiers ou chez ces gens de loi, ne les prépare à la tâche difficile qui s'offre à eux. Une entreprise déjà mauvaise passe sous une direction moins capable que la précédente. Inconscient Shylock, le rentier a continué à exiger sa livre de chair jusqu'au jour où il s'aperçoit que son débiteur est mort.

De même, les ouvriers, privés de leur travail par la déflation, ne retrouvent jamais les salaires qu'ils ont perdu. Or, ces sommes perdues n'ont été gagnées, ni par les patrons, ni par personne autre. Hommes ou machine sans emploi représentent une perte nette pour la société.

CONCLUSION

Dans le chapitre précédent et dans celui qui s'achève, nous avions vu que l'instabilité de la monnaie cambriole tantôt une classe, tantôt une autre ; qu'elle bouleverse tous les calculs et tous les rapports économiques ; quelle provoque des fluctuations néfastes dans les affaires et le marché du travail et produit le mécontentement, la violence, la haine de classe, et que le résultat final est une perte pour l'ensemble de l'économie. Injustice, mécontentement, mauvais rendement ; tels sont les trois chefs auxquels peuvent se ramener les dommages causés par l'instabilité de la monnaie.

CHAPITRE VI

QUE POUVONS-NOUS FAIRE NOUS-MÊMES ?

PEUT-ON FAIRE QUELQUE CHOSE ?

Ces maux que nous venons de voir, devons-nous les tenir pour des coups de la Providence et du destin, et les accepter comme nous acceptons les tremblements de terre et les cyclones ? Mais l'on peut toujours essayer d'atténuer les conséquences des tremblements de terre en adoptant des systèmes de construction plus souples ou plus solides. Dans le chapitre qui commence, nous nous en tiendrons provisoirement à la croyance fataliste que les tremblements de terre monétaires sont physiquement inévitables et que le mieux que nous puissions faire est de bâtir nos maisons en conséquence.

Aveuglé par l'illusion de la monnaie, le public, inattentif aux dommages qui résultaient du dollar variable, a mis longtemps à se préoccuper des moyens de s'en protéger. Une grande étape est déjà accomplie lorsque nous avons réussi à débarrasser nos esprits de cette fameuse illusion. Le premier pas à faire est de comprendre les phénomènes d'inflation et de déflation et de donner une interprétation moderne aux vers de Shakespeare :

Il y a, dans les affaires des hommes, une marée Dont le flux porte à la richesse.

TRANSCRIPTION DU DOLLAR

L'une des mesures les plus simples à prendre consiste à surveiller les côtes du pouvoir d'achat du dollar et de s'en servir pour transcrire la comptabilité dans une unité de valeur constante. C'est dans ce dessein, entre autres, que je calcule chaque semaine un indice que publient les journaux du lundi matin.

Cette comptabilité à valeur constante pourra être tenue sans bouleverser la comptabilité en dollars. Elle fournira simplement des statistiques supplémentaires pour l'information des dirigeants de l'affaire. Elle modifiera souvent assez profondément la physionomie des inventaires. Elle donnera une valeur nouvelle aux dépenses du passé, aux profits espérés pour l'avenir. Ses résultats seront toujours intéressants pour la direction ; en temps d'instabilité extrême, ils pourront sauver l'affaire de la ruine.

PRÉVISION ÉCONOMIQUE

Ces indices, joints à d'autres, servent aussi à prévoir l'état futur du marché. Toute baisse prononcée ou prolongée des prix annonce en général une dépression, tandis qu'une hausse prononcée ou prolongée annonce une amélioration des affaires.

Naturellement, dans ces prévisions, d'autres facteurs entrent en ligne, et c'est pourquoi une nouvelle profession s'est développée, dont l'office propre est d'étudier et de prévoir l'état du ciel économique. Cela a commencé aux États-Unis avec Brookmire et Babson, et le nombre des maisons de ce genre a beaucoup augmenté depuis vingt ans. De temps en temps, leurs progrès s'arrêtent, lorsque leurs pronostics ont été déjoués avec trop d'éclat par l'événement.

On peut citer actuellement, outre le bulletin du ministère du commerce, la Compagnie des Statistiques-Étalons, le comité de Harvard pour les Recherches Économiques, l'institut Alexandre Hamilton, les Forekastografs Karsten, les services de Moody et d'autres revues, les bureaux de statistiques de certaines maisons d'affaires. ceux des banques et environ 80 autres firmes. En Angleterre, ces exemples ont été suivis par des agences du même genre, comme le service de l'École de Londres pour l'Économie Politique.

Herbert Hoover, ministre du commerce, a préconisé depuis longtemps l'usage de ces statistiques. Elles constituent, comme nous l'avons vu, une partie *de l'influence* exercée par le système de Réserve Fédérale en vue de stabiliser les affaires ; le Bureau Central et les Banques de Réserve Fédérale réunissent et publient des informations de ce genre.

Ces services modernes ressemblent en gros à celui qui a été fourni pendant des générations par les journaux commerciaux, mais ils donnent plus d'importance, en général, à la prévision de l'avenir et à la mesure exacte des fluctuations moyennes de l'ensemble des affaires, à ce qu'on appelle le « cycle économique. »

PRÉVISION DE LA VALEUR DU DOLLAR

Lorsqu'il est possible de prévoir dans quel sens va varier le pouvoir d'achat de la monnaie, des occasions de gain s'offrent aux spéculateurs. Il suffisait, en Allemagne, après la guerre, d'être un peu au courant de l'économie politique pour se trouver en état de profiter de la situation. Beaucoup n'y manquèrent pas, notamment Hugo Stinnes déjà cité. Des spéculations eurent lieu sur les immeubles les actions, les changes ; le tout au moyen de fonds fournis par l'emprunt. La simple sagesse conseillait d'ailleurs, aussi longtemps que durait l'inflation, de n'acheter aucune obligation payable en marks et d'éviter les dépôts en cette même monnaie.

Aux États-Unis même, pendant l'inflation de 1917 à 1920, des gens d'affaires et des économistes, adoptant la même conduite, spéculèrent sur de l'argent emprunté. Sachant l'inflation inévitable, ils en tiraient profit.

Actuellement la stabilité relative des prix réduit les occasions de ce genre. Mais il reste encore sage d'étudier les signes de l'inflation ou de la déflation à venir afin d'éviter les pertes ou, si possible, de réaliser des placements avantageux.

CONSEILLERS EN PLACEMENTS

Lorsque, comme c'est le cas le plus fréquent il est impossible de prédire la tendance des prix, le plus sûr est de placer ses disponibilités en actions suffisamment variées avec une certaine proportion d'actions de préférence et aussi d'obligations. Ce mélange assure contre les risques que comporteraient des placements en obligations seules, puisque, au cas de baisse du dollar, la hausse des actions compensera la baisse des bons en valeur réelle.

Mais un tel dosage exige du soin et une constante révision. C'est pourquoi les précautions récemment prises par les rentiers contre l'instabilité du dollar ont provoqué la naissance d'une nouvelle profession, celle de « conseiller en placements ». L'une de ces maisons administre ou conseille un total de placements montant à deux cents millions de dollars.

Cette nouvelle tendance à acheter des actions semble révolutionnaire quand on la compare avec les idées qui régnaient autrefois. Dans leur brochure : *Éléments de sécurité dans les placements*, Scudder, Stevens et Clark écrivent :

« En 1906, le comité d'enquête Armstrong institué par le parlement de l'État de New-York, disait, en parlant des compagnies d'assurance sur la vie :

« Les placements en actions devraient leur être défendus... Voilà longtemps que le gouvernement prussien a refusé d'admettre à sa juridiction toute compagnie d'assurances achetant des actions avec ces réserves.»

Ils ajoutent :

« Suivant la recommandation du comité, le

parlement local transforma en loi une règle qui, un peu plus de 10 ans plus tard, ruina l'ensemble des assurances allemandes sur la vie, lesquelles avaient survécu à une guerre désastreuse. »

A côté des conseillers en placements, qui donnent de simples conseils aux capitalistes, se multiplient les « Centrales de placements », dont beaucoup effectuent elles-mêmes un certain dosage et donnent au capitaliste un certificat qui lui assure une part dans la composition de valeurs ainsi créées.

CONTRATS EN MONNAIE ÉTRANGÈRE

Quand la monnaie d'un pays devient extrêmement instable tandis que la monnaie des États voisins conserve une stabilité relative, les individus peuvent échapper partiellement aux dommages provoqués par leur monnaie nationale en achetant de la monnaie étrangère ou en stipulant, dans des contrats intérieurs, des paiements en monnaie étrangère. Dans les cas extrêmes, le capitaliste vend ses valeurs nationales pour placer le produit de la vente à l'étranger. C'est ce que les capitalistes français ont fait récemment lorsqu'ils ont « fui le franc », comme les Allemands avaient « fui le mark », quelques années plus tôt.

Les contrats en devises peuvent se faire sans exporter de capital. En Allemagne, des compagnies d'assurances sur la vie convertissent, dans l'intérêt de leurs assurés, leurs polices en dollars américains. En Amérique même, pendant la période des greenbacks, des contrats prévirent le paiement en or. Beaucoup d'obligations furent conçues en dollars d'or du poids et du titre légaux. Cette stipulation réapparut vers 1896 ; après une longue baisse des prix (1865-1896), la question était devenue politique et Bryan avait proposé une inflation-argent comme remède à la déflation-or. Les prêteurs craignirent, alors l'avilissement du dollar au cas où Bryan serait élu.

Aujourd'hui encore, cette « clause de l'or » subsiste dans un nombre d'obligations valant au total des millions de dollars ; mais personne ne se rappelle plus les circonstances qui l'ont motivée ni ne se doute que l'or a subi des variations presque égales à celle dont on redoutait l'apparition du fait de l'introduction de l'étalon d'argent.

On a vu cependant des prêteurs rechercher une marchandise préférable à l'or pour le paiement de leur créance. En Angleterre, les dîmes furent souvent levées en « nature ». En Écosse, les fermages étaient stipulés en céréales, mais en réalité, le paiement avait lieu en monnaie, la somme versée étant calculée d'après le cours des grains. Ce système a persisté jusqu'à ces dernières années.

Jevons, le fameux économiste anglais, a loué la Sagesse des fondateurs de certains collèges d'Oxford qui avaient stipulé que les loyers des terres concédées seraient payés, non en monnaie, mais « en grains ».

Monsieur C. W. Barron me fournit un intéressant exemple aux États-Unis :

« Le 8 septembre 1817, *David* Sears, de Boston, loua à Uriah Cutting, de Boston, pour une durée de mille ans, à compter du 1er décembre suivant, et pour un loyer annuel de dix tonnes de fer « Old Russia Sables », première qualité... le terrain situé à l'angle nord-est de la place Scollay et de la rue du Tribunal, ainsi que le bâtiment construit sur ce terrain. » Des contrats de location du même genre furent conclus à la même époque, et par ces mêmes parties, pour onze autres immeubles. Le loyer devait être payé en Ment, mais la somme versée était celle qui représenterait la valeur du tonnage convenu de fer.

Après la Grande Guerre, en Europe centrale, l'usage s'établit de stipuler les loyers, et même toutes sortes de paiements à ternie, en marchandises, généralement blé ou orge. De tels contrats eurent lieu en Autriche, en Roumanie. En Hongrie, parait-il, des banquiers acceptèrent des, dépôts en couronnes hongroises, promettant de rembourser aux déposants, non pas le nombre de couronnes déposées, mais une somme équivalente à la quantité d'orge correspondant au dépôt primitif, accrue d'un certain intérêt.

De telles, pratiques ont l'avantage, non seulement de protéger les intérêts individuels, mais aussi de répandre les connaissances nécessaires sur les principes de la stabilisation.

L'ÉTALON TABULAIRE

De ces contrats conclus sur la base d'une marchandise donnée, la distance n'est pas grande aux contrats conclus sur la base de plusieurs marchandises. Les paiements monétaires sont alors régis par un nombre-indice ou, pour reprendre l'ancienne expression, un « étalon tabulaire ».

Un intéressant exemple, et vraisemblablement le premier en date, nous est donné par le professeur Willard C. Fisher. En 1747, la colonie de la baie de Massachussetts vota une loi créant un étalon tabulaire en vue de fixer le taux des billets de crédit public. En 1780, l'État de Massachussetts fit une loi prévoyant le paiement de certains de ses bons, principal et intérêt, selon un étalon tabulaire. Les titres, émis portaient les indications suivantes :

« Le principal et l'intérêt seront payés, dans la monnaie alors courante dudit, État et leur somme variera suivant les variations des prix courants de 5 boisseaux de maïs, 60 livres 4/7 de bœuf, 10 livres de laine de mouton et 16 livres de cuir à semelles par rapport à un montant initial de 130 livres. »

Cette initiative du Massachussetts est une anticipation du système tabulaire proposé par Lowe en 1822 et Scrope en 1833. Lowe a suggéré l'établissement d'une « liste modèle » composée d'un certain nombre de marchandises courantes et tenant compte des quantités proportionnelles de leur consommation par le public. M. G. R. Porter, sans citer Lowe et Scrope, a proposé le même système en 1838 dans son ouvrage : *Les progrès de la nation* ; il construisit un tableau montrant les fluctuations moyennes de 50 marchandises, de mois en mois, entre 1833 et 1837. W. Stanley Jevons, en 1865, appelait l'attention de ses lecteurs sur l'instabilité de la valeur de l'or, dont les fluctuations avaient été considérables entre 1789 et 1873, époque où il écrivit son livre : *La monnaie et le mécanisme des échanges*. Il préconisait un étalon tabulaire des valeurs pour remplacer l'étalon d'or, trop variable. Il convient de noter que Lowe, Serope et Jevons cherchaient un remède pour les variations, non pas du papier monnaie, mais de l'or. Ils anticipaient, dans une large mesure, sur l'objet actuel de nos études.

EXEMPLES FOURNIS PAR LE TEMPS DE GUERRE

Les bouleversements causés par la guerre accrurent l'intérêt que pouvait présenter l'usage des nombres-indices pour mesurer le changement des prix et les fluctuations dans la valeur de l'or. C'est alors que, pour la première fois dans l'histoire moderne, l'étalon tabulaire trouva un large champ d'application.

Les ouvriers, spécialement, reconnurent un allié dans l'indice du coût de la vie et s'en servirent comme d'un levier pour obtenir des augmentations de salaires pendant l'inflation. Des millions d'ouvriers en ont profité en Amérique, et davantage encore en Europe. Elma B. Carr écrivait en 1924 :

« Le coût de la vie est devenu un facteur essentiel dans presque toutes les sentences d'arbitrage rendues par les services du gouvernement. Il en a été tenu compte également dans les arbitrages rendus par les services des États particuliers et des villes. Il a formé l'élément principal dans la fixation des salaires par les Bureaux de salaires minimum de treize États différents et du District de Colombie. Pendant les dix dernières années, il a figuré pratiquement dans tous les conflits industriels soumis à l'arbitrage volontaire. A l'époque de la guerre, des systèmes impliquant l'usage de l'indice de cherté de vie ont été adoptés par beaucoup de patrons et parmi certains de ces systèmes, si les uns ont été abandonnés, les autres sont encore en vigueur. Depuis la guerre, beaucoup d'autres firmes ont admis des échelles de salaires qui toutes tiennent compte de l'indice de cherté de vie.

« Il est impossible de donner le chiffre exact des travailleurs touchés par ces ajustements calculés sur la cherté de la vie. Les sentences des services fédéraux ont concerné directement 747.000 travailleurs du charbon, 100.000 travailleurs des conserves, 500.000 de la navigation et deux millions des chemins de fer. En outre, les sentences du Bureau National du travail de guerre ont touché 711.500 travailleurs de diverses industries.

« Depuis 1922, tous les officiers subalternes de l'armée, de la marine, de l'infanterie de marine, des garde-côtes, du service géodésique et de l'hygiène voient leurs allocations de vivres et de logement fixées d'après l'indice de cherté de vie établi par le Bureau des statistiques du travail. Cela affecte directement 16.000 personnes. Dans l'imprimerie de la ville de New-York seule, les salaires de 22.000 travailleurs et employés sont déterminés de la même façon. A Chicago, 9 à 10.000 ; les sentences du Conseil des relations industrielles pour l'industrie de la construction électrique concernent à peu près 150.000 hommes. De plus, les patrons particuliers, dans les affaires les plus diverses, ont aussi utilisé largement les indices du coût de la vie.

« En somme, en ne tenant compte que des seules industries pour lesquelles des précisions existent, le nombre des travailleurs et employés affectés par ces ajustements dépasse 5 millions et demi. Il faut d'ailleurs noter que beaucoup d'autres le sont indirectement, parce que presque tous les patrons appartenant à des industries du même genre adaptent, de gré ou de force, les salaires de leurs ouvriers à ceux qui ont été obtenus chez le voisin par la voie de l'arbitrage. C'est pourquoi, pratiquement, on peut dire que tous les travailleurs ont bénéficié d'ajustements basés, au moins en partie, sur le coût de la vie. »

Il est fort remarquable que cette large application de l'indice du coût de la vie ait eu lieu dans un pays à étalon d'or. La récente guerre a vu, pour la première fois dans l'histoire, le monde entier confesser que l'or était un étalon médiocre pour la fixation des salaires et que les contrats devaient être corrigés par un indice mesurant les variations intervenues dans les pouvoirs d'achat de l'or.

EXEMPLES FOURNIS PAR LE TEMPS DE PAIX

Ces ajustements de salaires se sont produits pendant l'inflation. Ils avaient la faveur des ouvriers. Mais lorsque la déflation a paru, leur popularité diminua et on cessa généralement de les appliquer, car, sous l'empire de l'illusion de la monnaie, les ouvriers croient que toute diminution de leur salaire diminue leur pouvoir d'achat.

Cependant, des systèmes d'ajustement automatique ont subsisté. La Compagnie de Transports rapides de Philadelphie, dirigée par M. Mitten, a récemment inauguré un salaire-panier de marché, calculé sur un indice, spécialement établi, du coût de la vie à Philadelphie.

Dans le même ordre d'idées, M. Frédérick B. Knapp, de Duxbury, Massachussetts, loue sa maison pour un loyer variant suivant un indice ; primitivement c'était l'indice du Bureau des statistiques du travail ; depuis quelque temps, c'est l'indice que je publie moi-même.

Voici quelques années, la compagnie Rand Kardex, récemment rachetée par la Remington Rand, avait émis une « obligation stabilisée » en déclarant :

« Notre intention est de fournir à nos obligataires un revenu plus constant en pouvoir d'achat, en tenant compte, dans le paiement des intérêts, de la valeur croissante ou décroissante du dollar, c'est-à-dire du prix croissant ou décroissant des marchandises. ».

SOMMAIRE

Ainsi, l'individu même peut remédier, pour sa part, au dommage résultant de l'instabilité de la monnaie. Il peut, en transcrivant ses comptes dans une unité plus stable, apercevoir le profit ou la perte qu'il fait en réalité. Il peut étudier les tendances de l'évolution monétaire pour prévoir l'état du marché. Il peut, dans le même dessein, user des services de certaines agences. Il peut même, dans une certaine mesure, prévoir les variations du dollar. Il peut éviter des placements exclusifs en obligations et employer son argent à l'achat de valeurs suffisamment variées et comprenant surtout des actions. Il peut, à cet égard, demander les avis des « conseillers en placements ». Il peut « fuir » le mark ou le franc et acheter des valeurs étrangères. Il peut enfin stipuler, dans ses contrats, l'étalon qui lui paraîtra le plus sûr, y compris un étalon tabulaire ou l'indice de cherté de la vie.

Ces divers remèdes individuels ont déjà été pratiqués et il est possible d'en imaginer d'autres encore. Mais peut-être les mesures étudiées dans les deux chapitres suivants suffiront-elles à assurer une stabilité réelle à notre étalon d'or.

CHAPITRE VII

QUE PEUVENT FAIRE LES BANQUES ?

INTRODUCTION

Tous ces moyens, par lesquels l'individu tâchera de se garantir des suites de l'instabilité monétaire, constituent, en quelque sorte, des remèdes externes. Ils obvient aux conséquences du mal, ils ne guérissent pas la maladie. Mais les nombres-indices, qui permettent à l'individu de compenser les résultats fâcheux des fluctuations du dollar, ne peuvent-ils donner à la société les moyens de supprimer ces fluctuations mêmes ?

Stabiliser le pouvoir d'achat des monnaies a longtemps été un rêve des économistes. Après la grande guerre, si lourde de nouvelles leçons sur l'instabilité monétaire, ce rêve, peu à peu, s'est rapproché de sa réalisation.

Au lieu d'en rester au fatalisme monétaire, des économistes, des banquiers, des hommes d'État ont conçu l'idée que, toute inflation et toute déflation résultant du fait de l'homme, l'homme pouvait également réaliser la stabilisation. Nous avons déjà parlé de la conception, qui n'est pas neuve, d'une « circulation monétaire élastique », définie par une certaine correspondance entre les emprunts consentis par les banques et les besoins du monde des affaires. Voyons maintenant comment cette correspondance entre le flot des marchandises et celui de la monnaie peut être perfectionnée par un meilleur contrôle exercé sur la circulation de la monnaie.

La guerre a produit de grands progrès dans la connaissance des principes monétaires, et les ouvriers, les gens d'affaires, les banquiers, les hommes d'État ont senti que leur devoir était d'assurer l'adoption de mesures préventives propres à empêcher le retour des maux récents, avant que le souvenir de ces maux ne se fût dissipé dans la mémoire des hommes. D'ailleurs, en même temps que le désir de la stabilisation se faisait plus fort l'instrument de la stabilisation apparaissait dans l'usage des nombres-indices. C'est seulement pendant la dernière génération que l'indice s'est présenté au public comme l'appareil de mesure des fatales fluctuations monétaires. De même que l'idée d'une unité fixe de poids ne pouvait que rester toute théorique jusqu'au jour où furent inventés la balance et le peson ; de même que, pour créer des unités électriques, certains appareils spéciaux étaient indispensables ; de même, la réalisation du dollar stable n'était possible que par l'apparition de l'instrument constitué par les nombres-indices. Avant l'introduction de cet appareil de mesure, la conception même d'un pouvoir d'achat fixe était trop vague pour constituer la base d'une réforme.

Et de fait, la seule conception de ce genre qui existât jusqu'alors était celle du poids et du titre fixes, premier essai grossier d'une monnaie stable. Le poids et le titre fixes assuraient d'ailleurs un gros progrès sur les monnaies d'alliage, de poids et de titres divers, sur les pièces plombées et rognées. Nous avons vu que le problème posé par la stabilisation du dollar consiste à obtenir une meilleure correspondance entre les deux grands courants de la monnaie et des marchandises. Cette correspondance ne s'établira pas d'elle-même, même avec la circulation monétaire la plus « élastique ». Mais l'action des hommes, des hommes qui émettent la monnaie, peut la rendre beaucoup plus parfaite. Les grandes créatrices de monnaie sont aujourd'hui les banques centrales et c'est d'elles que le public attend à bon droit une circulation monétaire suffisamment élastique pour s'adapter de très près au développement ou au resserrement des affaires.

Le vaste édifice du crédit moderne a vidé de toute réalité la vieille théorie de l'étalon d'or automatique, échappant à la volonté humaine. Autrefois, oui, l'or tirait sa valeur principale de son emploi dans certains arts, et les monnaies fiduciaires, papier ou dépôts à vue, convertibles en or, ne pouvaient avoir que la valeur de l'or-marchandises. La masse de ces catégories secondaires de monnaie était si faible qu'elles ne pouvaient avoir sur la valeur de l'or qu'une réaction négligeable.

Cette réaction constitue au contraire aujourd'hui le facteur principal. Le volume du crédit est devenu beaucoup plus considérable que le stock d'or sur lequel il repose. En Angleterre, aux États-Unis, la proportion de la monnaie-crédit à la monnaie-or est environ de 7 à 1. L'accessoire est devenu l'essentiel. Aujourd'hui donc, au lieu de dire que le dollar-papier ou le dollar-crédit tire sa valeur du dollar-or qui le garantit, il serait plus exact de dire que le dollar-or tire sa valeur du dollar-papier qui le représente. Puisque le volume du crédit en circulation est contrôlable et contrôlé, nous possédons dès maintenant, bon gré, mal gré, une monnaie de valeur contrôlée. Que ce contrôle soit assuré scientifiquement au lieu d'être exercé au hasard, la stabilisation sera .atteinte.

DÉBUT DU CONTRÔLE SCIENTIFIQUE

Au cours de plusieurs des conférences internationales qui suivirent la guerre fut agitée la question de stabiliser le pouvoir d'achat de la monnaie.

La conférence économique de Gênes, en 1922, marque une étape importante. Les représentants de plus de trente nations adoptèrent à l'unanimité des résolutions en faveur de cette stabilisation et indiquant quelques-unes des méthodes à employer. Une certaine coopération a été recommandée entre les Banques Centrales du monde tant au sujet de l'emploi à faire des réserves d'or que des politiques d'escompte qui devaient être suivies. Il était dit :

« La condition essentielle à la reconstruction économique de l'Europe est la réalisation, par chaque État, de la stabilité de valeur de sa monnaie. »

Et après avoir préconisé quelques mesures immédiates :

« Ces mesures pourraient suffire par elles-mêmes à rétablir l'étalon d'or. Mais son maintien serait grandement facilité, non seulement par la collaboration proposée entre les banques centrales, mais par une convention internationale qui devait être adoptée en temps opportun. Cette convention aurait pour but de centraliser et coordonner les demandes d'or et d'éviter ainsi ces larges fluctuations dans le pouvoir d'achat de l'or, qui pourraient, au cas contraire, résulter de la concurrence simultanée d'un grand nombre de pays s'efforçant de se procurer des réserves métalliques. Elles devraient prévoir des méthodes propres à économiser l'usage de l'or en créant des réserves sous forme de crédits à l'étranger(caisse de conversion, système de compensation internationale, etc.) »

ACTIVITÉ DU SYSTÈME DE RÉSERVE FÉDÉRALE

Plus importants encore furent les efforts effectués, dans le même sens par le Système de Réserve Fédérale en 1922. Les agents de la Centrale et des Banques composant ce système comprirent qu'il fallait prendre toutes les mesures possibles pour parer à la menace constituée par les énormes réserves d'or accumulées aux États-Unis. Faute de cette sagesse, ils eussent, poursuivant le profit immédiat, continué à multiplier les emprunts consentis sur cette réserve d'or, de sorte que le volume total du crédit, déjà considérable, eût encore doublé. Le pourcentage de garantie, au lieu d'être, comme il l'est en fait, de près de 80 %, serait tombé à des taux proches du pourcentage légal : 35 % pour les dépôts à vue ; 40 % pour les billets de la Réserve Fédérale. Ce crédit de volume double aurait probablement doublé le niveau des prix, et l'inflation produite, comparable à celle de 1917-1920, se serait probablement terminée par la même chute désastreuse. Une conduite aussi négligente n'eût donc abouti qu'à déprécier notre dollar en dépit de son poids fixe d'or.

Ainsi, instruits par les récentes leçons de la guerre et de la déflation, plus désastreuse encore, de 1920-1921, les directeurs du Système de Réserve Fédérale, comprenant que l'inflation et la déflation dépendaient, en grande partie, du moins en temps de paix, de la volonté humaine, résolurent d'exercer à l'avenir leur libre arbitre dans le sens correspondant à l'intérêt public. Une nouvelle politique venait de naître, à peine connue du public, à peine consciente d'elle-même, mais destinée, je le crois, à remplacer la politique traditionnelle qui consistait à se laisser dériver au hasard, au gré des marées monétaires supposées inévitables.

Bref, depuis que le Système de Réserve Fédérale a constitué le Comité du Marché Libre, en 1922, avec pouvoir d'acheter et de vendre des valeurs, et spécialement des bons d'État, en vue de peser sur la situation du crédit, on peut dire que le dollar a été, au moins en grande partie, préservé de fluctuations considérables. En 1923, le Comité fut réorganisé « avec la mission essentielle de pourvoir aux besoins du commerce et des affaires et d'effectuer les achats et les ventes nécessités par la Situation générale du crédit. » Par cette formule, le Système de Réserve Fédérale reconnaissait tacitement son devoir de contrôler et de régler le crédit. Il semblait d'ailleurs étonné et même un peu effrayé de découvrir l'étendue de sa puissance à cet égard. Cette puissance, convenablement exercée, fait, du Système de Réserve Fédérale, le service public peut-être le plus important du monde.

L'énorme réserve d'or et de valeurs détenue par les douze Banques de Réserve Fédérale, leur permet, dans leurs transactions avec les milliers de banques affiliées au Système, d'acheter ou de vendre des quantités considérables de valeurs sur le marché libre et d'accroître ou de diminuer ainsi les fonds disponibles des banques affiliées. Quand elles achètent des valeurs, elles introduisent de la monnaie dans la circulation : il est vrai que cette monnaie tend à s'immobiliser de nouveau si les banques affiliées l'emploient à liquider leurs dettes envers les banques de Réserve Fédérale ; mais cela peut être empêché, du moins partiellement, par l'abaissement du taux d'escompte pratiqué par la Réserve Fédérale, qui facilite ainsi le renouvellement des emprunts. Quand elles vendent ces mêmes valeurs, au contraire, de la monnaie se trouve retirée de la circulation : il est vrai qu'elle tend à s'y réintroduire grâce aux emprunts consentis par les Banques de Réserve Fédérale aux banques affiliées ; mais cela peut être empêché, du moins partiellement, par le relèvement du taux d'escompte qui rend les emprunts plus difficiles.

Ainsi, ces réactions que nous venons de mentionner, octroi ou remboursement d'emprunts, obligent les Banques de Réserve Fédérale à joindre, à leur politique d'achats et de ventes, une politique de contrôle des taux d'escompte.

Les milliers de banques affiliées consentiront à leurs clients des emprunts d'autant plus larges qu'elles-mêmes emprunteront plus facilement aux Banques de Réserve Fédérale. Et celles-ci varieront à leur gré le taux de l'escompte accordé aux banques affiliées, ou « taux de réescompte », suivant qu'il leur paraîtra opportun d'augmenter ou de resserrer le volume du crédit.

La combinaison des deux méthodes : achats et ventes de valeurs, influence exercée sur l'escompte, donne au Système de Réserve Fédérale un puissant contrôle sur les prix et le bien-être général. Je cite également, dans le supplément, d'autres procédés. Il est amusant d'entendre certains Américains critiquer avec hostilité le « contrôle de la circulation monétaire » qui s'exerce dans les pays d'Europe. Ils ne se rendent pas compte que notre propre monnaie est aussi, aujourd'hui, une monnaie contrôlée. La question n'est plus de savoir si nous devons adopter un contrôle de la circulation monétaire. Elle consiste à rendre aussi parfait que possible le contrôle dès maintenant exercé, dans une large mesure, par le Système de Réserve Fédérale.

IMPORTANCE DU CONTRÔLE DU CRÉDIT POUR LES ÉTATS-UNIS

Notre prospérité, orgueil de nos compatriotes et objet d'envie de la part des étrangers, a été expliquée par les motifs les plus divers. Entrain et esprit d'invention propres aux Américains ; capitalisme ; bon rendement du travail ; chevaux-vapeur ; mécanisation de l'industrie ; démocratie ; prohibition... tout a été invoqué tour à tour. Mais la raison qui est probablement la plus importante de toutes, la stabilité approximative de la monnaie depuis 1921, a été à peine mentionnée. Pourtant, à mon avis, ce n'est pas par une pure coïncidence que la dernière des dix périodes énumérées au chapitre III se distingue de toutes les autres, à la fois, par sa prospérité et par la stabilité monétaire. Les autres facteurs mêmes, signalés par ailleurs, bon rendement du travail, satisfaction générale, direction scientifique, esprit d'épargne, mécanisation de l'industrie, ont été favorisés en partie par les ajustements plus délicats et la marche plus souple de l'organisation industrielle, qui, comme nous l'avons vu, sont les résultats de la stabilité du dollar.

Si ce facteur si important a échappé à l'observation du public, c'est encore à cause de notre vieille amie, l'illusion de la monnaie. Comprendre que l'absence d'inflation et de déflation produit la prospérité, c'est aussi difficile qu'il était malaisé, comme nous l'avons vu, de comprendre comment l'inflation et la déflation produisent une situation peu prospère. La difficulté est même plus grande, car l'absence d'inflation et de déflation attire moins encore l'attention que ne fait la présence de ces deux phénomènes.

Certains esprits exceptionnels comprirent pourtant la nouvelle politique qui s'ébauchait dans notre pays. L'honorable Réginald Mac Kenna, ancien chancelier de l'Échiquier britannique, et maintenant président de la plus grande banque du monde, écrivit, dans la *Revue Mensuelle de la Banque des Midlands,* pour janvier-février 1927, que la Banque d'Angleterre a survécu, pendant 80 ans, parce que la loi de la Banque, de 1844, qui est censée régler la situation du crédit, a toujours été suspendue aux époques de crise, de sorte qu'à ces époques, le crédit put être à peu près adapté aux besoins des affaires au lieu de se trouver arbitrairement restreint, comme le voulait la loi, par le montant de la réserve d'or. Mac Kenna a proposé d'instituer une enquête sur « les bases théoriques et la technique pratique » du crédit et de la circulation monétaire en Grande-Bretagne. Il a rappelé à ses lecteurs que, depuis la guerre, les Banques Centrales ont été réformées de fond en comble en Albanie, en Autriche, au Chili, en Colombie, en Tchécoslovaquie, à Dantzig, en Équateur, en Estonie, en Allemagne, en Hongrie, aux Indes, en Lettonie, en Lithuanie, en Pologne, en Russie et en Afrique du Sud. Aucun de ces pays n'a copié le statut de la Banque d'Angleterre, hormis les Indes ; à cette exception près, ils ont tous adopté des systèmes « analogues à celui de la Réserve Fédérale », qui « fournit une circulation monétaire élastique », et qui, convenablement manié, assure, comme nous l'avons vu, la correspondance entre la circulation de la monnaie et celle des marchandises. Tout en louant les Gouverneurs de la Banque d'Angleterre de l'habileté qu'ils ont déployée sous l'empire de la vieille loi, M. Mac Kenna voit dans la plus grande élasticité du Système de Réserve Fédérale le motif principal de la plus grande prospérité des États-Unis.

COOPÉRATION INTERNATIONALE

En fait, la Banque d'Angleterre fait maintenant, autant que cela lui est possible, le même genre d'opérations que le Système de Réserve Fédérale. La vente et l'achat des valeurs jouent notamment un rôle croissant dans sa politique.

« L'emploi du taux d'escompte, dit M. Mac Kenna, pour régler les mouvements du crédit a été en grande partie remplacé par un ordre d'opérations qui nous apparaissait autrefois comme secondaire ; je veux parler des achats et des ventes de valeurs sur le marché libre et de l'octroi ou du refus des emprunts par la Banque d'Angleterre. »

Les grandes Banques Centrales de l'Europe et de l'Amérique instituent aujourd'hui des conférences officieuses en vue de discuter l'application de ces méthodes et certains autres sujets d'intérêt commun. Au mois de juin 1926, des conférences de ce genre eurent lieu à New-York et à Washington ; elles réunirent un grand nombre de banquiers américains, de fonctionnaires du Trésor et du Système de Réserve Fédérale, de hautes personnalités du monde financier de France et d'Allemagne ; on y étudia le rétablissement de l'étalon d'or en Europe et les moyens d'y stabiliser les prix.

En juillet 1927, une autre conférence discuta, selon les déclarations faites à la presse par le gouverneur Strong, « le pouvoir d'achat de l'or et diverses propositions en vue d'une collaboration plus intime. » M. Montagu Norman, Gouverneur de la Banque d'Angleterre, qui assistait à cette conférence, était favorable, paraît-il, comme M. Strong lui-même, à l'idée d'une action des diverses Banques Centrales, en vue d'éviter toute dépréciation ou appréciation de l'or. Un troisième membre de la conférence, M. Charles Rist, Gouverneur-adjoint de la Banque de France, se prononça en faveur d'une stabilisation de l'or par rapport aux marchandises. Le docteur Hjalmar Schacht, président de la Reischbank, était aussi présent. On sait qu'il est l'auteur de La *Stabilisation du Mark* et qu'il a écrit une préface au récent article que le défunt professeur R. A. Lehfeldt, de l'Afrique du Sud, a publié dans *l'Économiste* de Londres pour préconiser un contrôle de la production des mines d'or en vue de stabiliser le pouvoir d'achat de ce métal.

Voici quatre personnages singulièrement qualifiés pour discuter les mesures propres à réaliser une stabilité qui, si elle est possible, éviterait les bouleversements de prix pour l'avantage de tout le genre humain.

Nous pouvons, semble-t-il, envisager avec confiance cette possibilité si, comme le recommandait la conférence économique de Gênes, les grandes Banques Centrales du monde s'assignent pour tâche de lutter contre l'inflation et la déflation. Il leur suffira, d'une part, de perfectionner la tradition dès maintenant *établie, en développant leur technique propre et en étendant leur collaboration mutuelle ; c'est surtout par la force de la tradition que la Banque d'Angleterre s'est peu à peu transformée d'un établissement privé en une institution publique. Il conviendra d'autre part de favoriser les traités et « conventions » recommandés par la Conférence économique de Gênes et les réformes législatives correspondantes dans chacun des pays intéressés. À titre d'exemple, je citerai le « Projet de loi Strong » actuellement soumis au Congrès, dont l'objet est de rendre possible une politique consciente de stabilisation tout ,en laissant au Système de Réserve Fédérale une entière liberté quant au choix des méthodes propres à assurer cette stabilisation.

L'INFLUENCE INTERNATIONALE DU SYSTÈME DE RÉSERVE FÉDÉRALE

Même en l'absence d'une collaboration très active de la part des pays européens, le Système de Réserve Fédérale, à lui seul, exerce une puissante influence indirecte sur le niveau des prix dans le monde. Car, tant que l'étalon d'or est maintenu dans ces différents pays, toute action du Système de Réserve Fédérale tendant à stabiliser le dollar-or, produit des répercussions favorables à la stabilisation des autres monnaies ; dans tous les pays à étalon d'or, les prix évolueront en sympathie malgré les frontières.

C'est ce qu'a exprimé, d'ailleurs avec quelque exagération, le professeur Bertil Ohlin, de Stockholm, dans le *Bulletin de la Banque de commerce suédoise de Stockholm,* No 18, juin 1927. Il dit que le mouvement de l'or a perdu toute influence sur le niveau des prix.

« Le volume du crédit ne dépend plus aujourd'hui que de la décision de la Centrale de Réserve Fédérale, qui le règle suivant les convenances du marché.

« C'est une véritable révolution dans le système monétaire, non seulement aux États-Unis, mais dans tous les pays à étalon d'or. Le contrôle des prix dans le monde entier a complètement passé aux mains de la Centrale de Réserve Fédérale et de ses gouverneurs.

« Si cette Centrale juge opportun de poursuivre une politique de crédit libérale, dont le résultat est de faire monter les prix aux États-Unis, une partie de l'or en excédent s'écoulera vers les autres pays. Il y provoquera une expansion de crédit et, graduellement, une montée des prix générale.

« Si au contraire, on considère en Amérique qu'une réduction des prix est convenable, les autres pays seront forcés de suivre l'exemple américain. Sinon, les prix en Europe devenant relativement trop élevés, la balance des paiements des pays européens deviendrait déficitaire, et l'or passerait à nouveau l'Atlantique pour s'enfuir dans les caves des Banques de Réserve Fédérale. Les Banques Centrales européennes ne sauraient admettre une telle diminution de la réserve d'or garantissant leur émission de papier ; elles seront donc obligées de restreindre pour leur part les crédits qu'on leur demande, ce qui réduira rapidement le niveau des prix en Europe.

« Ainsi, la conduite des États-Unis à cet égard règle celle des différents pays. Si la Centrale de Réserve Fédérale se résout à élever la valeur de l'or, c'est-à-dire à faire de la déflation, ses réserves augmentent, tandis qu'au contraire, une diminution de la valeur de l'or aux États-Unis entraîne le même phénomène dans le monde entier en même temps qu'une réduction des stocks d'or excessifs du Système de Réserve Fédérale.

« Le Système de Réserve Fédérale a effectué une « valorisation » de l'or, comparable à la valorisation du café qui a eu lieu au Brésil. En lâchant sur le marché une partie des réserves, il provoque une chute dans la valeur de l'or dans le monde entier, c'est-à-dire une montée générale des prix. En accroissant ses réserves, il contribue à raréfier l'or, et par conséquent à faire monter les prix sur toute la terre. »

Le professeur Ohlin a raison en somme. Mais il donne cependant une idée excessive de l'influence exercée par le Système de Réserve Fédérale. Cette influence n'est pas, et ne peut pas être, une maîtrise complète du marché. L'influence des autres pays sur l'Amérique n'est pas non plus négligeable. Au cours des deux ou trois dernières années, par exemple, la déflation survenue en Angleterre a probablement joué un grand rôle dans la baisse des prix en Amérique. Toute action exercée sur le crédit, en quelque point du monde que ce soit, réagit sur le reste du monde.

Cependant, l'influence de la Réserve Fédérale et celles des autres Banques Centrales, si elles se développent et se coordonnent davantage, peut devenir une véritable maîtrise du crédit, et lorsque cette maîtrise du crédit dans le monde entier sera suffisamment renforcée par un étroit contrôle de l'or tel que nous allons l'étudier dans un prochain chapitre, l'homme se sera rendu à peu près maître du niveau des prix et du pouvoir d'achat de la monnaie.

« Heureusement, a dit le professeur Kemmerer, au cours de ces six dernières années, et grâce principalement à la position dominante des États-Unis sur le marché du crédit dans le monde, à leur énorme stock d'or et à la très sage administration du Système de Réserve Fédérale en liaison avec les Banques Centrales d'autres grands pays, les diverses monnaies d'or du monde ont gardé une valeur à peu près stable. Mais malheureusement, on ne peut guère espérer que ces conditions favorables se prolongent indéfiniment. D'une part, l'Amérique ne peut conserver dans l'avenir les énormes réserves d'or dont elle disposait au cours de ces dernières années : la dépense est trop grande pour un seul pays, et aussi la responsabilité. D'autre part, la future production de l'or dans le monde est elle-même un grand aléa. S'accroîtra-t-elle plus rapidement que les besoins du marché, ou moins rapidement ? La réponse est impossible à donner et c'est d'elle pourtant que dépend en grande partie la future valeur de l'or, c'est-à-dire, si l'étalon d'or est maintenu dans le monde, le bien-être de milliards d'êtres humains.

« Au cours des dernières années, de grands progrès ont été réalisés vers une plus claire conscience du problème de l'instabilité des monnaies. Cependant, le grand problème de la stabilisation de la monnaie n'est pas encore résolu. À mon avis, il peut et doit l'être. »

CHAPITRE VIII

QUE PEUVENT FAIRE LES GOUVERNEMENTS ?

RETOUR À L'ÉTALON D'OR

Nous avons vu naître et se développer le contrôle du crédit, et même le contrôle du crédit international. Il dépend des banques dans ses détails et non des gouvernements qui ne peuvent que tracer ses règles générales.

Mais les gouvernements peuvent et doivent faire bien davantage en vue de la stabilité monétaire.

Notons d'abord que les pires inflations ont été provoquées par des budgets déséquilibrés : quand un gouvernement ne peut joindre les deux bouts, il paie en faisant jouer la planche à billets. Ces émissions de papier ont souvent été la principale cause de l'inflation. Dans ce cas, naturellement, le premier pas vers la stabilisation dépend du gouvernement et consiste à mettre le budget en équilibre. Telle fut la grande nécessité ressentie en Europe après la guerre.

L'une après l'autre, les principales nations européennes ont réalisé l'équilibre budgétaire et réadopté l'étalon d'or, soit pur et simple, soit sous la forme d'une caisse de conversion, échangeant la monnaie nationale contre des billets donnant droit à une certaine quantité d'or stockée à l'étranger.. Quelques États n'en sont pas encore là : la France est la plus importante de ces exceptions.[2] La seule voie pratique vers la stabilisation internationale n'en passe pas moins par l'étape d'un retour général à l'or ou à son équivalent (caisse de conversion).

MÉTHODES DE RETOUR À L'OR

Il y en a trois principales : celle dont s'est servie l'Allemagne, qui consiste à répudier, à anéantir la monnaie de papier et à partir de zéro pour créer d'un seul coup une monnaie d'or ; celle de l'Angleterre, qui a, par une déflation volontaire, ramené peu à peu la valeur de la livre-papier à celle de la livre d'or ; et celle de l'Italie, qui a abaissé le poids de la lire d'or de manière à faire coïncider sa valeur avec celle de la lire-papier. Répudiation, restauration, dévaluation. La première méthode lèse les créanciers ; la seconde lèse les débiteurs. La troisième est peut-être la moins injuste des trois, puisque la valorisation de la lire a été faite au taux correspondant à peu près à son pouvoir d'achat réel au moment de l'opération.

Naturellement, la première méthode, celle de la répudiation, représente une humiliation pour l'amour-propre national ; c'est un aveu de banqueroute, de mauvaise foi. En conséquence, chaque fois qu'il est

---

[2] Ceci était écrit avant juin 1928. (Note du traducteur.)

possible, on cherche à éviter cette solution. Le choix reste alors ouvert entre la restauration et la dévaluation. L'amour-propre national préfère la restauration, qui se présente comme le retour à la monnaie primitive, dont la dévaluation semble être la répudiation partielle. La restauration paraît un retour « à la situation normale », tandis que la dévaluation semble la perpétuation d'une situation anormale. Les gens d'affaires britanniques ressentirent une grande fierté d'avoir pu relever la livre sterling du taux de 3 dollars 70 au pair de 4,87. L'Italie, elle, dut abandonner sa tentative de restauration de la lire ; au lieu de la relever au pair de 19,3 cents, elle la fixa à 5,26 cents.

LA « NORMALE » D'AVANT-GUERRE

Mais ni l'un ni l'autre de ces deux pays ne rétablit sa monnaie à la valeur réelle qu'elle possédait avant la guerre. Le dollar actuel ne correspondant qu'aux deux tiers des marchandises qu'il achetait en 1913, la livre anglaise, comme le dollar, ne vaut que les deux tiers de la livre de 1913. Si les Anglais avaient été tout à fait logiques, ils auraient dû relever leur livre à 50 % au-dessus du taux actuel.

D'ailleurs, pourquoi 1913 eût-il passé pour une année normale, plutôt que 1813 ou 1713 ? Les prix varient constamment et les Anglais, évidemment, ont donné au mot « normal » son seul sens possible en admettant que le gouvernement doit, en bonne foi, racheter son papier au taux primitif et qu'il doit, comme un créancier ordinaire, observer la lettre de son contrat.

Oui, un gouvernement est défaillant lorsqu'il ne

rachète pas sa monnaie aux conditions indiquées sur le billet même. Cependant, lorsque le gouvernement, comme cela s'est passé en Italie et en France, a déjà violé, et pendant plus de dix ans, ses obligations littérales, la situation est différente. Théoriquement, le gouvernement français ou italien continuait, selon les clauses imprimées sur le papier-monnaie, à devoir au « porteur » de chaque franc-papier on de chaque lire-papier, un franc-or, une lire-or, valant 19,3 cents au lieu de 4 ou 5 ; mais le porteur actuel n'est pas celui qui a subi la perte résultant de la chute de la monnaie de papier. Des centaines d'autres porteurs, avant celui-là, ont eu dans leurs poches cette promesse du gouvernement, chacun pendant quelques jours ou quelques semaines, et la perte s'est répartie entre des centaines de porte-monnaie. Toute restitution est désormais impossible. Comment croire que le gouvernement fournirait une compensation équitable à cette longue série de petites injustices en restituant d'un bloc au porteur actuel la différence du papier à l'or ?

S'il n'est pas juste de voler Pierre pour payer Paul, il ne l'est pas non plus de payer à Paul le produit du vol commis aux dépens de plusieurs centaines de Pierre.

Certes, le problème est une question de bonne foi. Mais la bonne foi doit s'exercer sur le fond, et non dans la forme. Or, en bonne foi, les promesses du gouvernement, représentées par son papier-monnaie, ne forment qu'un total minime par rapport à la grande masse des contrats basés, en bonne foi, sur la confiance du public dans le papier-monnaie lui-même. Ainsi, le gouvernement qui revient à l'or par la méthode de la restauration ne fait que déjouer une fois de plus la confiance du public par l'effet d'une saute de valeur supplémentaire.

Mussolini a été très sage en abandonnant son projet de restauration au pair de 19,3 cents. La déflation, au point où il l'a laissée, avait déjà provoqué un resserrement des affaires et beaucoup de chômage. S'il eût persisté, le monde des affaires en Italie eût été acculé à la banqueroute et à la ruine.

De même, la France agira sagement en renonçant à la restauration de sa monnaie et en dévaluant le franc aux alentours de son actuel pouvoir d'achat.[3]

QUEL EST LE TAUX NORMAL ?

Quel est le taux idéal des prix auxquels il convient de fixer notre dévaluation ? Ce taux sera en général très voisin du pouvoir d'achat existant à l'époque. Car la majorité des contrats existants sont d'assez fraîche date et, même parmi ceux qui ont été signés à une date plus ancienne, il en est beaucoup qui ne sont pas depuis bien longtemps dans la possession de leurs détenteurs actuels : une obligation de chemin de fer, émise il y a cinquante ans peut n'avoir été achetée qu'hier et à un taux bien différent du taux d'émission. Les détenteurs primitifs des valeurs de ce genre, comme les détenteurs primitifs du papier-monnaie, ne peuvent, en grande majorité, être atteints par l'État désireux de réparer ses fautes. Toute restauration s'effectuerait au profit d'une minorité et par conséquent au dommage du plus grand

---

[3] Même observation que plus haut.

nombre.

Théoriquement, on pourrait essayer de calculer la moyenne des prix réels auxquels les détenteurs actuels ont acquis leurs obligations ou autres engagements en papier-monnaie ; mais ce calcul, effroyablement compliqué, ne donnerait sans doute pas des résultats très différents du taux actuel.

En vérité, dès que notre faiblesse a permis à l'inflation ou à la déflation de produire ses ravages, ceux-ci échappent à nos remèdes. Mais, si la guérison est difficile, il nous suffit au contraire de vouloir sérieusement prévenir ces maux pour nous trouver en état de le faire.

LE PROBLÈME EST INTERNATIONAL

Lorsque tous les États du monde civilisé seront revenus à l'or, le problème de la stabilisation deviendra tout à fait international. La libre circulation de l'or, de pays à pays, pour régler les différentes balances du commerce, tiendra à égaliser les prix entre les nations. En fait, chaque État, en adoptant l'étalon d'or, aura placé son destin national à la merci de la politique financière des autres États.

Ainsi, le pouvoir d'achat du dollar aux États-Unis dépendra en grande partie de la sagesse des nations européennes, qui sauront maintenir la paix entre elles ou se précipiteront vers la guerre. Le pouvoir d'achat du franc, de la lire, du mark, du souverain, dépendra en grande partie de la politique suivie par le Système de Réserve Fédérale. L'étalon d'or forme comme un tuyau de jonction entre les réservoirs monétaires de tous les pays qui l'ont adopté. Les prix anglais, américains, etc.... monteront ou descendront ensemble, en même temps que descendront ou monteront les pouvoirs d'achat de la livre et du dollar.

LE FUTUR PROBLÈME DE L'OR

On voit que l'adoption universelle de l'étalon d'or rend international le problème de la stabilisation ; mais elle ne change pas sa nature et ne facilite pas directement sa solution. Elle serait plutôt propre à mettre en péril les systèmes de protection contre l'inflation et la déflation que nous avons décrits dans le dernier chapitre et par lesquels chaque nation tend à contrôler le volume du crédit à l'intérieur de ses frontières. L'étalon d'or, qui contribue à étendre géographiquement le domaine du contrôle du crédit, tend au contraire à diminuer l'action que ce contrôle peut exercer en faveur de la stabilisation. En vérité, si les gouvernements ne coopèrent avec les Banques Centrales, le contrôle du crédit et l'étalon d'or courent grand risque de se contrarier l'un l'autre.

Par exemple, supposons que dans dix ans d'ici l'or se raréfie au point de réduire nos réserves d'or aux pourcentages légaux ; tout nouvel accroissement du crédit deviendra légalement impossible, même s'il est impérieusement réclamé par le besoin des affaires. La circulation des marchandises gagnera vite en rapidité sur la circulation de la monnaie ; le niveau des prix baissera, et ce sera la dépression des affaires, le chômage et tous les maux qui sont les résultats inévitables d'une déflation considérable.

Ce danger n'est nullement imaginaire ; il inquiète des banquiers aussi expérimentés que George E. Roberts et l'un des principaux objets du présent livre est d'aider les économistes à imaginer les mesures qui nous épargneront de telles catastrophes.

Oui, la stabilisation de fait dont nous avons joui pendant ces dernières années a été le résultat de circonstances exceptionnelles. Il suffit d'y réfléchir pour s'en rendre compte. Nous avons disposé, en excès des réserves légales, d'une marge d'or, assez restreinte pour ne pas nous obliger à l'inflation, mais assez considérable pour permettre d'exercer avec aisance le contrôle du crédit. Ainsi, la monnaie a pu être contrôlée librement, dans des limites suffisamment élastiques. Jamais auparavant nous n'avions disposé d'un tel volant monétaire, efficace et cependant maniable. Cela, peut ne pas durer longtemps et ne jamais se reproduire. Si nous, voulons tirer parti de cette occasion passagère, il faut que nous fassions en sorte que l'étalon d'or devienne assez élastique pour permettre la stabilisation des prix par le contrôle du crédit. En d'autres termes, il faut établir le contrôle de l'or.

LES DANGERS DE LA NÉGLIGENCE

Au lieu d'établir dès maintenant le contrôle de l'or, nous pouvons être tentés de nous fier au hasard. Pour trois raisons : l'illusion de la monnaie empêche la plupart d'entre nous de comprendre les dangers de la déflation et de l'inflation ; le préjugé existe que l'étalon d'or doit rester automatique et ne pas être affecté par l'arbitraire du gouvernement ; enfin, beaucoup d'économistes ont gardé une foi aveugle dans les bienfaits de notre « bon vieil étalon d'or » et estiment qu'aucun perfectionnement ne peut lui être apporté.

L'illusion de la monnaie, premier de ces trois obstacles, a été démasquée dans tout le cours de ce livre.

« AUTOMATISME » DE L'ÉTALON D'OR

Quant à la seconde idée, à savoir que le gouvernement doit laisser jouer l'automatisme de l'étalon d'or sans le troubler par aucune action législative, il convient d'objecter aussitôt qu'il n'y a pas de fonction gouvernementale plus essentielle que celle qui consiste à garantir la fixité des unités de mesures. Nous avons un bureau des poids et mesures pour les unités de longueur, de poids, de volume, d'électricité, et de toutes autres unités employées pour le commerce, excepté la plus importante, l'unité de valeur. Cependant, notre constitution fédérale autorise le Congrès à « battre monnaie et à en régler la valeur ainsi que celle des monnaies étrangères et à fixer les étalons de poids et de mesures. »

Oui, la croyance est répandue dans le public que le niveau des prix et l'étalon d'or devraient être abandonnés au jeu « naturel» de l'offre et de la demande et soustraits à toute intervention « arbitraire ». Mais toute unité de mesure est « arbitraire ». Il n'y a pas de mètre « naturel ». Le dollar d'or est arbitraire à 23,22 grains. En fait, ce qui n'est pas naturel, c'est de le définir en poids ; car cette définition constitue une intervention arbitraire sur le champ de l'offre et de la demande qui détermine le prix de l'or. L'or, laissé à son marché naturel, devrait varier de valeur aussi librement que l'argent, par exemple, au lieu d'être lié au chiffre fixe de 20 dollars 67 par once.

En outre, il est faux que l'étalon d'or, aujourd'hui, ;soit ou puisse être « automatique ». Comme nous l'avons vu, le marché de l'or dépend actuellement beaucoup plus de la politique des banques que des, achats effectués par les dentistes, les doreurs de cadres, les horlogers ou les bijoutiers. Les usages. industriels de l'or sont insignifiants par rapport à son rôle financier. Comme l'a dit Réginald Mac Kenna, le monde a maintenant un étalon-dollar fixé par le contrôle du crédit plutôt qu'un étalon or fixé par la valeur du métal-or. Je ne sais si beaucoup d'Anglais ont bien compris cela. Peut-être, au moment où ils ont adopté ce qu'ils croyaient être un étalon-or automatique, eussent-ils peu goûté l'idée que ce qu'ils substituaient à la livre obéissant au contrôle britannique, c'était un étalon obéissant au contrôle américain. Oui, après avoir redouté de voir le gouvernement anglais libre de régler son papier-monnaie et d'en assurer la stabilité à sa guise, les voilà forcés aujourd'hui de s'en remettre au système de Réserve Fédérale des États-Unis du soin de régler le crédit de manière à garantir la stabilité de toutes les monnaies-or du monde.

Dès maintenant, c'est la volonté humaine qui contrôle les prix, sinon complètement, du moins dans, une large mesure. L'étalon-or automatique n'existe plus et nous pouvons en remercier la Providence.

LA TRADITION DE L'OR

Le troisième obstacle que nous avons signalé est une foi aveugle dans les bienfaits de notre « bon vieil étalon d'or. » Mais consultons l'histoire. La tradition moderne des bienfaits de l'or est un produit des guerres de Napoléon. Le fameux rapport au Parlement de la commission du métal-or, en 1810, fut la première tentative d'analyse économique pénétrante des changements de prix et des taux de change en relation avec la situation monétaire. Il montra, comme on pouvait s'y attendre, à quel point presque tous les témoins qui comparurent devant la commission étaient aveuglés par l'illusion de la monnaie.

Ces témoins s'imaginaient que le haut prix atteint par le métal-or, prix exprimé en papier-monnaie, était dû à la raréfaction de l'or lui-même ; raréfaction provoquée par les paiements aux armées, et « aggravée par cet état d'alarme et de manque de confiance qui conduit à la pratique de la thésaurisation ».

Pearse, par exemple, vice-gouverneur alors et plus tard gouverneur de la Banque d'Angleterre, déclara : « Je ne vois pas que la quantité de billets émis puisse agir sur le prix du métal ou le taux des changes, et c'est pourquoi je pense, pour ma part, que le prix du métal ou le taux des changes ne peut en aucun cas constituer une raison pour diminuer le volume de l'émission. » La commission demanda ensuite à M. Whitmore, gouverneur de la Banque, s'il partageait cet avis : « Oui, fut-il répondu, et si complètement que je ne crois jamais nécessaire de consulter le prix de l'or ou le taux des changes les jours où nous faisons nos avances... Je considère qu'ils n'ont aucun rapport avec la question. » Un autre directeur de banque, M. Harman, s'exprima dans les termes suivants : « Il faudrait que je change grandement d'opinion, avant que je n'en vienne à croire que les changes peuvent être influencés par les modifications de notre circulation de papier. » La commission, alors, prononça « que cette doctrine (qu'il n'y a pas de rapport entre l'émission et le prix de l'or) est tout à fait fausse »

On voit que les grands banquiers de 1810 étaient de bouillants défenseurs, non pas de l'étalon-d'or, mais de l'étalon-papier.

Le rapport de la commission du métal-or constitue une étude approfondie de la question de l'offre de la monnaie en relation avec les prix jusqu'à l'époque napoléonienne et il peut encore fournir de bons arguments contre les avocats d'une émission illimitée de papier-monnaie. Mais il fit surtout figure, en 1810, de document révolutionnaire en prouvant que le haut prix du métal était en réalité un bas prix du papier et que l'or était supérieur au papier comme étalon monétaire.

LE FÉTICHE DU POIDS FIXE

Que l'or vaille mieux que le papier comme étalon monétaire, cela paraît aujourd'hui évident. Aucun banquier, aucun homme d'affaires ne le discute plus ; mais l'un et l'autre résiste en revanche à l'idée qu'un progrès soit encore possible. Ils croient que l'étalon d'or représente le dernier sommet de l'histoire de la monnaie.

Le rapport de 1810 représentait bien en effet le sommet de l'idée de la stabilité monétaire à l'époque des guerres de Napoléon. Mais aujourd'hui, après la Grande Guerre, nous devrions passer à l'étape suivante en nous servant du nombre-indice, instrument qui n'existait pas au temps de l'Empereur, et qui devrait nous permettre d'instituer un étalon-marchandises aussi supérieur à l'étalon-or que celui-ci, voilà un siècle, était supérieur à l'étalon-papier.

Après la perte de l'étalon-or par les nations européennes au cours de la guerre, il était très naturel que leur première idée fût de remplacer le papier par l'or, qui formait le meilleur étalon dont elles eussent l'habitude. Mais maintenant, il s'agit d'empêcher l'or de gêner le contrôle du crédit, soit que les limites légales des réserves d'or se trouvent atteintes, soit que l'or au contraire s'accumule en excès. Car un jour peut venir, dans dix ans ou dans cinquante ans, où la marge au-dessus des réserves légales disparaissant, tout crédit supplémentaire deviendra impossible, et alors, ce sera la déflation. Ou, au contraire, une surabondance d'or se manifestant, ce sera l'inflation. Dans les deux cas, le contrôle du crédit sera détruit malgré les efforts de toutes les banques du monde. On comprend dans ces conditions que les dirigeants de la Réserve Fédérale refusent d'assumer la responsabilité de maintenir la stabilité du dollar.

Oui, dans l'un ou l'autre des cas dont je signale la possibilité, nous deviendrions à nouveau la proie du bon vieil étalon d'or, gouverné par le hasard et la chance, et Dieu sait où il pourrait nous mener.

MOYENS PRÉVENTIFS

Ces mauvais jours peuvent être retardés de plusieurs manières. La méthode qui semble la plus pratique est celle qu'a approuvé la conférence économique de Gênes et qui consiste à économiser l'or, à en restreindre la demande.

L'or peut être économisé par quatre procédés.

1° On peut le retirer de la circulation pour le concentrer dans les banques et spécialement les Banques Centrales. Cela a été fait sur le continent européen, en Angleterre, aux Indes.... surtout depuis la guerre. Cela se produit aux États-Unis quand on retire de la circulation les certificats d'or, gagés à 100 %, pour leur substituer des billets de la Réserve Fédérale gagés seulement à 50 %. Le retrait de la circulation est facilité si, comme c'est le cas en Angleterre et aux Indes, la frappe est suspendue et l'or est gardé en barres.

2° Les réserves d'or peuvent être concentrées dans les Banques Centrales, comme c'est le cas aux États-Unis.

3° Le Système des caisses de conversion économise l'or, parce que les réserves gardées en dépôt à l'étranger pour maintenir le taux du change peuvent être très inférieures aux réserves qu'il serait nécessaire de garder dans les banques de l'intérieur pour garantir l'étalon d'or.

4° Un système de compensation internationale économiserait l'or en supprimant la nécessité de la plupart des transports de métal entre pays créanciers et débiteurs. De même, une chambre de compensation établie dans une ville supprime la plupart des paiements directs de banque à banque.

Ces quatre méthodes sont déjà pratiquées en partie par les pays européens, et c'est en partie, probablement, grâce à elles que nous ne souffrons pas dès maintenant du renchérissement de l'or. Ainsi, les sains principes préconisés par la conférence économique de Gênes montrent dès maintenant leur valeur pratique ; grâce à eux, un contrôle de l'or s'esquisse comme s'est esquissé déjà le contrôle du crédit.

La plupart des pays de l'Europe et de l'Amérique du Sud qui sont récemment revenus à l'étalon d'or, et surtout ceux qui ont effectué ce retour sous la direction du « médecin international des monnaies », le professeur Kemmerer, ont adopté le système de la caisse de conversion et gardent leurs réserves d'or à, New-York.

Si, d'autre part, le danger contraire se produisait, et s'il s'agissait de remédier à la surabondance de l'or, il serait dès lors facile de substituer le simple étalon d'or au Système des caisses de conversion. Du coup, l'or concentré à New-York se disperserait de nouveau à travers le monde, regagnant les Banques Centrales. des États qui sont ses légitimes propriétaires et, de là, refluant dans les diverses banques commerciales et les poches du grand public.

Cette faculté de concentrer ou de disperser l'or, si on s'en sert à propos, peut suffire pendant longtemps à assurer la stabilité de la monnaie, en donnant aux réserves inactives un volume assez considérable, et pourtant sans excès, pour fournir la marge convenable au contrôle du crédit.

Il reviendrait d'ailleurs au même de modifier les pourcentages des réserves, quitte à atteindre des taux absurdement élevés, dépassant par exemple 100%, ou absurdement bas, inférieurs par exemple à 1%. Dans ce dernier cas, évidemment, la convertibilité ne pourrait être maintenue, du moins à vue. Mais si, à la convertibilité à vue, on substitue une convertibilité à trois mois ou davantage, le pourcentage de l'or peut être diminué presque indéfiniment. Il est vrai, d'ailleurs, que cela revient à l'abandon graduel de l'étalon d'or.

Un éminent économiste m'a raconté récemment une conversation qu'il avait eue avec des amis, qui ne pouvaient pas, disaient-ils, « voir comment » se ferait la stabilisation.

- Eh bien, leur dit-il, vous savez que les Allemands ont essayé de fabriquer de l'or synthétique. Ils ont aussi essayé de tirer l'or de l'eau de mer. Supposez qu'ils y réussissent, et par des procédés assez économiques pour inonder le monde sous un déluge d'or. Voilà l'or aussi bon marché que le sable. Que ferez-vous ?

- Ma foi, nous n'en savons rien.

- Je vais vous le dire. En présence de ce cas de force majeure, vous obligerez les gouvernements du monde entier à interdire l'entrée de l'or dans leurs hôtels des monnaies, tout comme les Indes ont exclu, l'argent en 1893.

L'inflation sera évitée du coup. Ce sera de la stabilisation. Si, par la suite, la quantité d'or se réduisait, les diverses, Monnaies se rouvriraient à ce métal, du moins en partie. On abaisserait alors le poids des pièces d'or ou l'on appliquerait toute autre mesure pour empêcher la déflation. La stabilisation consiste simplement à éviter l'inflation et la déflation.

Le mérite de l'étalon d'or a été de nous garantir contre l'inflation-papier. Le jour où l'inflation-or menace, il ne faut pas hésiter à abandonner l'étalon d'or.

SOLUTIONS AU PROBLÈME DE L'OR

Tant que l'étalon d'or sera maintenu, même sous une forme atténuée, la stabilisation ne sera assurée que si l'or est contrôlé, tout comme le crédit édifié sur la base de l'or.

Parmi les systèmes imaginés à cet effet, l'un des plus simples est celui qui a été proposé, notamment, par feu le professeur R. A. Lehfeldt, de l'Afrique du Sud. Ce système établit un contrôle international des gouvernements sur les mines d'or par l'intermédiaire, si l'on veut, de la Société des Nations. Si la quantité d'or se réduit exagérément par rapport à l'édifice du crédit, la production de l'or sera stimulée, même à perte. Elle serait diminuée au contraire si l'or se trouve en surabondance.

Il est certain qu'une institution douée des attributions d'une Centrale des Réserves Fédérales, mais pour le monde entier, serait en mesure de déterminer les besoins réels d'or dans le monde avec beaucoup plus de précision que ne le peuvent les propriétaires et les directeurs de mines d'or, qui n'obéissent qu'à l'appât du gain.

Un autre plan a été proposé par divers économistes, et par moi-même dans mon livre *La Stabilisation du dollar*. Selon ce plan, la production de l'or ne serait pas mise sous le contrôle des gouvernements ; ceux-ci se borneraient à changer de temps en temps le poids du dollar. Ainsi, l'or suivrait librement sa valeur naturelle comme il le fait aujourd'hui, mais la valeur du dollar, elle, serait maintenue constante. À cet effet, la circulation de l'or n'aurait lieu que sous forme de certificats. Un certificat de 100 dollars serait convertible en 100 dollars de métal-or, au poids légal fixé à l'époque du rachat. Et cette fixation aurait lieu de temps en temps, selon le jeu d'un nombre-indice, de manière à obtenir un pouvoir d'achat invariable par dollar. C'est ce qu'on appelle le « dollar compensé », par analogie avec le « pendule compensé ».

Ce plan a été proposé au Congrès sous la forme du projet de loi Goldsborough. Il a donné lieu à une longue discussion. Un plan analogue, préconisé par M. Tinnes, du Dakota du Nord, a été soumis au Congrès par le projet de loi Burtness ; celui-ci prévoit, à tort, à mon avis, un ajustement *quotidien* du poids d'or assigné au dollar, à l'aide de ventes et d'achats de bons d'État.

Ces divers plans sont étudiés plus en détail dans le supplément. Il importe assez peu de savoir lequel triomphera, du plan Lehfeldt ou du plan de « dollar compensé » ou si l'on en choisira un autre jugé plus pratique encore. L'essentiel, c'est d'obtenir la stabilisation du dollar. Or, à cet égard, si le contrôle de l'or ne peut être établi, il ne reste plus qu'à abandonner complètement l'étalon d'or.

Il faudrait alors en revenir à la « circulation contrôlée », proposée par Keynes et d'autres économistes, ou bien prévoir le rachat de toutes les monnaies par un certain équivalent en marchandises, comme l'a imaginé le professeur Gilbert Lewis, de l'Université de Californie.

Ainsi, le problème de l'or peut être résolu de trois façons :

1° Contrôle des mines d'or et leur exploitation dans l'intérêt du public, - comme les Banques Centrales sont administrées dans l'intérêt du public et non pour le profit de certains particuliers.

2° Modifications apportées au poids du dollar-or, de manière à compenser les modifications de la valeur de l'or.

3° Abandon total de l'étalon-or et adoption d'une « circulation contrôlée » ou d'une monnaie convertible en marchandises.

LE DEVOIR DU GOUVERNEMENT

Dans les trois cas, l'action du gouvernement est nécessaire. Mais cela est tout naturel. De même que le gouvernement établit et garantit des unités de longueur, de poids, de volume, d'électricité, etc.., il faut qu'il établisse et garantisse l'unité de valeur dont nous manquons encore, puisque nous n'avons eu jusqu'ici sous ce nom qu'une unité de poids. Ce poids a été fixé en 1837, et le dollar a varié depuis lors « automatiquement », au gré de tous les changements survenus dans l'exploitation des mines et dans notre système bancaire. Les résultats, nous l'avons vu, ont été tragiques.

S'il existe une responsabilité de ces tragédies, elle incombe au gouvernement, non seulement à cause de sa négligence à l'égard de la stabilisation possible, mais en raison aussi de sa complicité dans les variations du dollar.

Vérité qui crève les yeux en temps de guerre : c'est au gouvernement à éviter l'inflation du temps de guerre, ou, si cela est impossible, à éviter la guerre elle-même. Mais même en temps de paix, le gouvernement agit sur la valeur de la monnaie par tout changement dans les lois sur les banques, par toute action sur la politique du crédit, par la bonne ou mauvaise gestion de ses finances.

La responsabilité du gouvernement apparaît plus grande encore quand l'on pense à ses dettes. Emprunter des milliards de dollars pour déprécier. le dollar ensuite, cela n'est pas de jeu.

Elle s'aggrave enfin du fait de toutes les mesures d'État qui tendent, en théorie, à la protection de certains intérêts, et qui faute d'une monnaie stable, compromettent au contraire ces intérêts. En 1917-1920, quand je conseillais aux tuteurs d'acheter des actions pour leurs pupilles, ils me répondaient que la loi leur prescrivait d'acheter des obligations. Nous avons vu un fidéicommissaire dissiper les trois quarts du capital qui lui était confié, alors qu'aux yeux de la loi, ce capital restait à peu près intact. De même, les caisses d'épargne, les compagnies d'assurances, sont soumises à une série de restrictions, fort sages si la monnaie reste stable, mais ruineuses du fait de l'instabilité du dollar.

On cite, dans le passé, des rois peu scrupuleux qui avilissaient volontairement la monnaie du royaume en vue de frauder leurs créanciers. Les gouvernements actuels agissent de même, avec sans doute des intentions moins noires, mais le résultat est identique et ils ne sauraient, pas plus que les tyrans du moyen âge, plaider l'irresponsabilité.

Considérons par ailleurs que le gouvernement, d'une façon générale, est le garant naturel de l'exécution des contrats. Notre constitution nationale défend aux États particuliers d'en compromettre le caractère obligatoire. Certaines décisions prises à propos des greenbacks semblent impliquer le contraire en ce qui touche le gouvernement Fédéral, mais personne ne peut nier que le gouvernement a le devoir de garantir la sainteté des contrats, et, même à l'époque des greenbacks, le gouvernement Fédéral n'a jamais manqué à ce devoir. Comment admettre dès lors que l'autorité qui consacre dans les lois le principe des obligations contractuelles et qui édifie tout un système de protection des intérêts particuliers sur l'hypothèse d'une monnaie stable, puisse ensuite se refuser à réaliser cette stabilité, faute de laquelle ses prescriptions se transforment en une immense duperie ?

Aucune addition à la Constitution n'est nécessaire dès maintenant, le Congrès a le pouvoir de « fixer la valeur » de la monnaie. Ce problème, d'ailleurs, ne soulève aucun principe nouveau. Nous avons stabilisé toutes les autres unités de mesure aussitôt que nous avons disposé d'instruments suffisants pour les définir avec précision. Maintenant que nous possédons les nombres-indices, rien ne saurait nous dispenser de stabiliser l'unité monétaire.

Rappelez-vous que le yard, selon la tradition, ne fut au début que la ceinture (« gird ») du chef de la tribu. Ce fut ensuite la longueur du bras d'Henri 1er. Ensuite, une barre de fer. C'est aujourd'hui une certaine fraction du mètre, représenté par une barre de métal spécial, maintenue à une température constante au Bureau des Poids et Mesures. Imaginez que le yard soit encore aujourd'hui la ceinture du Président des États-Unis. Quelles répercussions sur les ventes de tapis, si des contrats passés sous la présidence de M. Taft venaient à exécution sous la présidence de M. Coolidge.[4] Elles seraient pourtant négligeables, comparées aux dommages causés par notre absurde yard monétaire.

CONCLUSION

Tâchons de résumer en quelques phrases les résultats de cette étude :

---

[4] On sait que M. Taft était aussi gros que M. Coolidge est maigre. (Note du traducteur.)

Le problème de la stabilisation est d'une importance primordiale. Il a pourtant été négligé à cause de l'illusion de la monnaie. Cette illusion est d'autant plus dangereuse que ceux mêmes qui la percent à jour en ce qui touche la monnaie des États voisins n'en peuvent débarrasser leur esprit pour juger de leur monnaie nationale.

L'illusion de la monnaie déforme à ce point notre vue que les marchandises paraissent monter ou des cendre alors qu'elles restent immobiles ; les salaires paraissent monter quand ils tombent ; des profits sont inscrits dans les livres alors que l'on se trouve en perte ; des intérêts illusoires constituent la fausse récompense de l'épargne ; les obligations donnent à leur propriétaire un sentiment trompeur de sécurité alors qu'elles ne sont qu'une spéculation sur l'or. L'illusion de la monnaie déguise une unité de poids, en unité de valeur. Elle constitue une des causes principales du « cycle des affaires », c'est-à-dire des dépressions qui périodiquement succèdent aux développements de l'activité humaine. Elle a permis aux financiers politiques de malmener les finances de l'État et d'écraser les contribuables, tout en rejetant la responsabilité de leurs fautes, tantôt sur les « profiteurs », tantôt sur les « vils rentiers ». Enfin et surtout, elle a retardé la stabilisation en en voilant la nécessité.

Le poids fixe de notre dollar n'est nullement l'équivalent d'une valeur fixe. Mesuré en nombres-indices, notre dollar, de 1865 à 1920, a quadruplé de valeur, pour revenir à son point de départ. Or, la plupart des fluctuations du dollar se sont produites sans cours forcé (1879-1922) et en temps de paix (18791898, 1899-1917, 1918-1922). D'ailleurs, bien que sérieuses, les fluctuations du dollar sont négligeables si on les compare avec les coefficients chiffrés par des millions, des milliards, des trillions, que nous avons vu en Europe.

La cause de ces hausses et de ces chutes est constituée par l'inflation et la déflation. Inflation ou déflation relative ou absolue ; mais l'inflation Cou la déflation) relative est aussi, en général, absolue, de sorte qu'il est généralement inutile d'en spécifier le caractère. Inflation ou déflation, en tout cas, due au fait de l'homme, à la politique financière des États, principalement en temps de guerre, mais aussi à la politique des banques et aux lois ; due également, en partie, à la découverte de nouvelles mines d'or, à l'épuisement des anciennes, au changement dans les procédés du traitement du métal.

Le mal causé par ces fluctuations considérables est analogue à celui que provoqueraient des changements dans la longueur du mètre, mais beaucoup plus grave encore parce que :

1° Le mètre monétaire est d'un usage beaucoup plus général.

2° Il est employé beaucoup plus souvent dans les contrats à terme. 3° Ses variations échappent au public.

Ce mal consiste d'abord dans un vol constamment opéré aux dépens de Pierre pour payer Paul, et dont le total a atteint 50 milliards de dollars en six ans pour les seuls États-Unis. Il comporte une perte nette pour l'ensemble des Pierre et des Paul ; la confusion et l'incertitude dans la finance, le commerce et l'industrie ; le retour constant (« cycle des affaires ») des dépressions, des banqueroutes, du chômage, des conflits ouvriers, des grèves, des lock-out, de la haine de classe, des lois iniques, du bolchevisme, de la violence. En ce moment même, le mal monétaire explique, au moins en grande partie, le mécontentement de nos fermiers de l'Ouest, ruinés par la déflation ; les controverses juridiques sur le prix des -services publics (litige relatif aux cinq cents du Métropolitain de New-York) ; le problème du franc français ; celui de la dépression des affaires en Grande-Bretagne et dans notre propre pays ; l'apparition de la nouvelle profession des « conseillers en placements » et des « centrales de placements ».

Les individus peuvent se défendre partiellement *contre ce* mal *en* transcrivant leurs comptes en dollars stables, en essayant de prévoir la valeur du dollar, en usant des services des conseillers en placements, en évitant d'acheter trop d'obligations, en variant la composition de leur portefeuille, en acquérant des valeurs étrangères ou des valeurs à revenus corrigés par l'emploi des nombres-indices.

Mais la vraie solution doit être trouvée dans le contrôle du crédit et dans le contrôle de l'or. Pour l'un et l'autre, il existe des précédents. Notre Système de Réserve Fédérale achète et vend des valeurs et ajuste ses taux d'escompte suivant les besoins du marché. Les gouvernements européens économisent l'or.

De nombreux économistes et banquiers ont commencé à étudier le problème d'un point de vue pratique. Vieux problème en somme, celui de stabiliser une unité de mesure. Il a été résolu pour toutes les unités sauf le dollar et le mois.

Le dessein de ce livre n'est pas de proposer des solutions toutes faites à ces hommes de bonne volonté. Leur responsabilité est trop lourde, il ne s'agit pas d'une question académique et ils ne sauraient accepter que des solutions où ils jouent un rôle directeur. Toute mon ambition est de souligner l'importance de leur tâche, d'accroître l'intérêt que le public peut lui manifester et de faciliter, dans la mesure du possible, la solution, qui sera jugée la plus convenable, de ce grand problème de la stabilisation dont le règlement constituera une étape importante vers la justice sociale et vers le règlement de tous nos problèmes industriels, commerciaux et financiers.

Indications supplémentaires pour les lecteurs désireux d'étudier avec plus de détails la question de stabilisation.

ESQUISSE DE QUELQUES PLANS DE STABILISATION

CONTRÔLE DU CRÉDIT

Le contrôle du crédit sera toujours une partie importante de tout programme de stabilisation. Comme nous l'avons vu, le Système de Réserve Fédérale s'est déjà engagé dans cette voie.

Ceux de mes lecteurs qui désireraient être renseignés avec quelque détail sur les méthodes qu'il applique à cet égard feront bien de lire le livre de W. Randolph Burgess, directeur-adjoint de la Banque de Réserve Fédérale de New-York et les déclarations du Gouverneur Benjamin Strong, de cette même banque, lors des débats sur le projet de loi du député Strong. Ces deux livres figurent sur la bibliographie donnée ci-après.

Je me bornerai naturellement ci-dessous à une esquisse très sommaire.

ACTION DE LA RÉSERVE FÉDÉRALE

Elle s'exerce sous cinq formes principales :

Par l'achat et la vente de valeur d'État sous la direction du Comité du marché libre, organisé pour concerter l'action des douze Banques de Réserve Fédérale.

Par la hausse ou la diminution des taux que ces banques appliquent au réescompte des valeurs qui leur sont présentées par les milliers de banques affiliées.

Par l'échange de certificats d'or (gagés à 100 contre les billets de la Réserve Fédérale (gagés seulement à 40%) et vice versa ; ce qui revient à mettre de l'or en circulation ou à l'en retirer. On évite ainsi le danger d'une surabondance d'or qui mènerait à l'inflation, ou d'une insuffisance qui mènerait à la déflation.

Par les conseils donnés aux banques, spécialement aux banques affiliées, en vue de resserrer ou d'étendre opportunément les crédits consentis. Cela constitue la tâche propre des agents de liaison des Banques de Réserve Fédérale.

Par la publication des statistiques, ou par les soins de la Centrale et des Banques de Réserve Fédérale.

De ces cinq procédés, les deux premiers sont la simple application de méthodes recommandées depuis longtemps par de nombreux économistes. Le premier a été étudié en 1887 par Alfred Marshall, qui a fait en même temps d'autres suggestions pour la stabilisation de la monnaie.

Le second a été particulièrement préconisé par le professeur Cassel, de Suède, dans son livre *La Monnaie et les changes depuis* 1914, et par moi dans *La Stabilisation du dollar.*

LE CONTRÔLE DE L'OR

Si l'étalon d'or est maintenu, le contrôle du crédit ne suffira pas à lui seul pour maintenir la monnaie stable pendant de longues périodes. Le contrôle de l'or devra aussi être établi, sinon les besoins du contrôle du crédit viendront se heurter aux dispositions légales relatives aux réserves d'or.

Des projets ont été étudiés pour le contrôle, soit de la production de l'or, soit du poids d'or correspondant au dollar.

PROJET LEHFELDT

Le projet du professeur R. A. Lehfeldt est le meilleur exemple du premier type. Dans sa *Restauration des monnaies du monde* il proposait qu'un syndicat des nations contrôlât la production de l'or :

« Il ne serait pas nécessaire, disait-il, que ce syndicat comprît de nombreuses nations, car l'Empire britannique et les États-Unis fournissent plus des 4/5 de la production mondiale de l'or et s'ils s'entendaient pour régler l'offre, même sans la coopération des autres producteurs, leur action ne pourrait guère être contrecarrée plus que ne l'est celle du syndicat des diamants par les laveurs en rivière. Vous voyez donc que la formation de ce syndicat n'offre guère de difficultés, mais il vaudrait mieux naturellement y faire entrer tous les producteurs. Le Mexique et la Russie sont les plus importants après les deux grandes, nations anglo-saxonnes. Mieux vaudrait même y faire entrer toutes les nations du monde, qui ont toutes un intérêt dans le commerce international, et par conséquent dans la stabilisation de l'étalon d'or.

« L'exercice du contrôle de l'or serait confié par toutes les puissances, intéressées à une Commission dont je ne discute pas ici la constitution, tout en remarquant que l'existence de la Société des Nations peut la faciliter ; mais cette question échappe au domaine économique. Sous les ordres de la Commission fonctionneraient un bureau scientifique et un bureau administratif.

« La tâche du premier consisterait à rassembler les informations qui formeraient la base des décisions de la Commission : statistiques monétaires et bancaires de tous les pays, statistiques des prix sur certains marchés ; études géologiques et industrielles sur les mines d'or exploitées ou à exploiter ; lois et finances minières, état des sociétés minières.

« Quant au bureau administratif, il n'aurait pas besoin de disposer d'un personnel très nombreux, car l'action administrative de la Commission serait surtout exercée par l'intermédiaire des gouvernements affiliés. La question deviendrait différente si la Commission se décidait à acheter et à exploiter des mines pour son propre compte.

« La Commission, en somme, jouerait, sur le marché de l'or, le rôle d'un gouverneur de banques. Elle aurait pour tâche (le prévoir les changements de valeur et de les corriger par une action intelligente, au lieu de laisser les forces naturelles bouleverser à leur gré le marché. En temps de hausse des prix, elle fermerait les mines les moins productives et arrêterait l'exploitation de nouvelles mines ; des compensations seraient naturellement à prévoir et des fonds devraient lui être fournis à cet effet par les puissances affiliées. Une action de ce genre n'est pas sans précédent et le gouvernement du pays où se trouveraient les mines à fermer devrait s'employer à faciliter la tâche de la Commission. Il faut d'ailleurs noter que les actions d'une mine pauvre pourraient sans doute être rachetées à bon compte. Les ouvriers aussi devraient recevoir une indemnité pour la perte de leur emploi. La Commission ferait bien d'imiter la méthode suivie par le gouvernement suédois, lors de la clôture des manufactures de tabacs en vue de l'établissement du monopole d'État du tabac. Les dépenses de ce genre sont moins coûteuses que le mécontentement qui résulterait de l'absence de telles précautions.

« Il serait un peu plus difficile de constituer une réserve de mines vierges et prêtes à être exploitées en cas de besoin. Mais cela West pas impossible. Les terrains dans lesquels l'existence de l'or serait prouvée devraient être signalés à la Commission qui les achèterait, soit directement, soit par l'intermédiaire du gouvernement du pays. Un système de récompense pourrait être organisé pour encourager la découverte de nouvelles mines. Ainsi serait réalisé un placement en capital pour parer aux dangers éventuels d'une production insuffisante. Parmi les mines vierges actuellement connues, les plus importantes sont situées dans la région orientale du Witwaterstand, qui appartient au gouvernement de l'Afrique du Sud, ce qui simplifierait les arrangements nécessaires.

« La vie des mines d'or est limitée. À la surproduction succède la disette. C'est pourquoi la politique que je suggère pour les périodes de hausse de prix est moins une dépense qu'un bon placement.

« Lorsque la production-de l'or deviendrait insuffisante pour répondre aux besoins du commerce, la Commission pourrait user des méthodes suivantes :

«1° Reprendre l'exploitation des mines abandonnées en émettant au besoin un nouveau capital.

« 2° Encourager la recherche systématique de nouveaux filons.

« 3° Encourager l'étude scientifique des perfectionnements à apporter au traitement du métal.

«4° Faciliter l'emploi du papier substitué à l'or.

« L'esquisse ci-dessus s'occupe surtout de régler l'offre de l'or. La possibilité d'agir sur la demande West que touchée par l'allusion que nous venons de faire à l'emploi du papier-monnaie. On peut d'ailleurs admettre qu'il serait insuffisant de régler l'offre de l'or et qu'il serait nécessaire aussi de prendre des mesures étendues et précises concernant le pourcentage de l'or correspondant à tous les papier-monnaie garantis par ce métal. »

LE « DOLLAR COMPENSÉ »

Je passe pour le père du « dollar compensé », parce que le projet en a été exposé avec détail dans mon livre La *stabilisation du dollar*. Mais les idées principales du projet se trouvaient déjà chez Simon Newcomb, Alfred Marshall, etc. Ma seule adjonction propre consiste dans les mesures à prendre contre les spéculations sur l'or qui seraient propres à faire subir des pertes au Trésor de l'État.

Les arguments en faveur et en défaveur du système sont donnés dans la discussion du projet de loi Goldsborough, cités dans la Bibliographie.

Le système consiste en gros :

1° Abolir les monnaies d'or et à convertir nos certificats d'or actuels en « certificats de métal-or », donnant droit à des dollars qui correspondraient à un poids de métal périodiquement déterminé. Ainsi, l'or ne circulerait plus que sous la forme de « yellow backs », ou récépissés commerciaux de métal-or, lequel n'existerait plus que sous la forme de barres ou de lingots conservés dans les caves du gouvernement.

2° À garder constamment une réserve de 100 % de métal-or correspondant aux dits certificats, en accroissant ou en diminuant la circulation de ceux-ci, selon les variations du prix du métal-or, et de manière à rétablir constamment le rapport de 100 % entre la valeur du métal-or en réserve et celle des certificats le représentant.

3° À conserver virtuellement la « libre frappe », c'est-à-dire le libre dépôt de l'or et le libre rachat des certificats de métal-or. « Libre frappe » signifierait, comme il le signifie pratiquement aujourd'hui, l'achat d'or illimité par le gouvernement, lequel paierait, en échange du métal-or, non pas des pièces d'or, mais des yellow backs. On voit donc que la seule différence essentielle avec ce qui se fait aujourd'hui, serait que le prix de l'or ne serait plus fixé arbitrairement à 20 dollars 67 par once, mais varierait selon la valeur réelle, le pouvoir d'achat de ce métal. De même, le rachat des certificats d'or signifierait, comme il le signifie aujourd'hui, la vente illimitée de l'or par le gouvernement, mais également à des prix variables.

4° À instituer un dollar correspondant à un assortiment représentatif de marchandises-types, en établissant un nombre-indice qui donnerait, à des intervalles fixes, le prix courant de ce dollar composite, exprimé en dollars-or.

5° À ajuster le poids du dollar de métal-or selon la différence constatée entre le nombre-indice et le pair. Cela revient à ajuster inversement le prix de l'or.

6° À imposer une petite taxe de « brassage », 1% par exemple : le gouvernement vendrait son or 1% plus cher qu'il ne l'achète, afin d'empêcher la spéculation qui se produirait à ses dépens si on pouvait lui acheter aujourd'hui, à 20 dollars par once, un lingot qu'on viendrait lui revendre demain, à 20 dollar 10. Toute augmentation ou diminution du prix officiel de l'or devrait naturellement être inférieure à la taxe de « brassage ».

L'essentiel du projet réside dans le cinquième paragraphe qui prévoit l'adaptation du poids du dollar au nombre-indice. Pour empêcher le dollar-or de diminuer de valeur, nous augmentons son poids, reconnaissant ainsi qu'un dollar déprécié est un dollar de poids insuffisant. Vice versa, pour empêcher un dollar d'augmenter de valeur, nous rognons son poids, reconnaissant ainsi qu'un dollar apprécié, est un dollar de poids excessif. Dans ces conditions, l'indice, c'est-à-dire le prix de l'assortiment de marchandises constituant le « dollar-marchandise », varierait peu, exprimé en dollar-or.

À l'époque où j'ai écrit ma *Stabilisation du dollar,* j'ai relégué le contrôle du crédit dans l'appendice en pensant que la politique de toutes les Banques, y compris des Banques Centrales, continuerait à être guidée par l'intérêt du profit personnel. Mon dessein était de rendre l'ensemble du plan de stabilisation, comprenant le contrôle de l'or et celui du crédit, aussi « automatique », aussi indépendant de la volonté humaine que possible.

Mais, depuis, comme nous l'avons vu, le contrôle volontaire du crédit est né. Dûment perfectionné et consolidé, il paraît de nature à simplifier et à améliorer grandement la technique de la stabilisation. Grâce à lui, le contrôle de l'or devient secondaire par rapport à celui du crédit. Un ajustement quotidien du poids de l'or, comme le propose le projet de loi Burtness, serait alors possible mais inutile. Sans contrôle volontaire du crédit, cet ajustement quotidien serait désastreux. Si, suivant ma pensée primitive, le contrôle du crédit et celui de l'or devaient rester automatiques, le contrôle du crédit jouant un rôle secondaire par rapport au contrôle de l'or, un certain délai, d'au moins un mois par exemple, devrait s'écouler après chaque changement de poids du dollar, afin que ce changement pût exercer l'influence nécessaire avant d'être suivi par un nouveau changement.

À l'opposé du système « automatique » que je proposais, on trouve le système entièrement volontaire, suivant lequel, comme il a été suggéré par deux économistes britanniques, la Banque d'Angleterre et les autres Banques Centrales recevraient la faculté de changer à leur gré le poids de leur monnaie d'or.

Le Dr Hudson B. Hastings qui fut voilà quelques années chargé, par la Fondation Pollak pour les Recherches Économiques, d'étudier toutes les méthodes proposées de stabilisation, jugea que le « dollar compensé » était le seul projet pratique pour assurer la stabilité des prix pendant une longue période dans un pays donné. Selon lui, ce système fonctionnerait en toutes circonstances et sans forcer le pays en question à assumer à lui seul tout le poids de la stabilisation mondiale. Il déclara aussi que c'était le plan, non seulement le plus pratique, mais aussi le meilleur marché, pour assurer une telle stabilisation par une collaboration internationale.

Mais le « dollar compensé » a l'inconvénient de donner lieu à équivoque. Le public peut croire que ce projet change constamment le dollar au lieu de le stabiliser. Aucun précédent ne le prépare.

Le plan Lehfeldt, au contraire, maintient l'étalon d'or

dans la forme tout en en modifiant la substance. C'est un gros avantage pour la popularité d'une réforme. De même la nation britannique s'accroche à la forme monarchique tout en adoptant au fond les institutions démocratiques. Peut-être, sans détrôner l'or-roi, et tout en lui gardant un loyalisme apparent, est-il facile de substituer à sa valeur propre celle d'une moyenne de marchandises. D'autres arguments dans les deux sens sont donnés dans mon livre La *Stabilisation du dollar*.

On y trouvera également la discussion du plan Gilbert Lewis (rachat en marchandises) que cet économiste a plus tard exposé tout au long dans un article figurant dans notre bibliographie. S'il était possible, politiquement, de se débarrasser entièrement de la tradition de l'étalon-or, le plan Lewis serait peut-être je meilleur de ceux qui ont été proposés.

Un banquier canadien m'a fait une autre suggestion. Si l'or devenait surabondant au point que le Système de Réserve Fédérale se vît obligé d'abandonner presque toutes ses valeurs porteuses d'intérêt principalement ses rentes d'État) pour les échanger contre de l'or, il conviendrait que le gouvernement vint à la rescousse en fournissant au Système des rentes nouvelles émises *ad hoc* et en prenant l'or en échange. De cette façon, ce serait le gouvernement qui supporterait le poids mort de l'or non productif d'intérêt.

Contrôle de la circulation des marchandises

Ce livre est consacré au problème du contrôle de la monnaie. Nous ne nous sommes occupés de la circulation des marchandises que dans la mesure où elle est affectée par celle de la monnaie. Nous avons vu que ce qu'on appelle, le cycle des affaires est en grande partie « une danse du dollar », qu'un dollar stable contribuerait largement à atténuer ce cycle, à remédier aux crises, aux dépressions, au chômage dont nous avons tant souffert.

Mais il a été indiqué aussi que les fluctuations des affaires et de l'industrie ne sont pas dues uniquement aux fluctuations monétaires. D'autres remèdes que les remèdes monétaires peuvent donc leur être appliqués et nous aurions à les étudier si ce livre était consacré, au cycle des affaires sous tous ses aspects.

Qu'il suffise ici de dire que je suis, en principe au moins, partisan des propositions faites par Foster et Catchings, Herbert Hoover, Otto Mallery, etc., en vue d'atténuer le cycle des affaires par un programme prévoyant de travaux publics, de constructions, etc. Partisan aussi des efforts tentés par la Dennison Manufacturing, qui organise ses opérations de manière à réduire les variations saisonnières d'offres d'emplois. Enfin, je crois que l'assurance contre le chômage est un besoin vital de notre industrie. Toutes ces réformes, loin de contrarier la réforme monétaire, objet de ce livre, la compléteraient heureusement.

RECHERCHES NÉCESSAIRES

Nous avons vu que plusieurs moyens s'offrent pour réaliser la stabilisation. Lesquels méritent notre préférence ? peut-on les combiner et comment ? autant de problèmes méritant étude.

Une question vitale est celle du choix du meilleur indice, ou des meilleurs indices. Indice des prix de gros ? des prix de détail ?, du coût de la vie ? des prix « généraux » (ce qui comprend les stocks, les obligations, les loyers d'immeubles, les frets, les salaires, les prix de gros ou de détail) ?

Des discussions animées ont eu lieu sur ce sujet, à des réunions où étaient représentées l'Association Statistique Américaine, l'Association Économique Américaine et l'Association pour une Monnaie stable. Cela se passait en décembre 1927. On y entendit Hudson B. Hastings, de l'Université de Yale ; Willford I. King, du Bureau National des Recherches Économiques ; Myriam E. West, du collège féminin de New Jersey ; Carl S. Snyder, statisticien de la Banque de Réserve Fédérale de New-York ; Royal Meeker, ancien commissaire des États-Unis pour le S statistiques du travail ; John R. Commons, de l'Université de Wisconsin ; Ethelbert Stewart, commissaire des États-Unis pour les statistiques du travail, etc., y compris moi-même.

Les avis furent très divergents sur le point de savoir quel était le meilleur indice. Mais tout le monde convint que n'importe quel indice valait mieux que l'absence d'indice.

L'indice des prix « généraux » diffère notablement de l'indice des prix de gros publié par le bureau des États-Unis pour les statistiques du travail. Nous avons vu toutefois que ces deux indices concordent assez bien si on les traduit par la puissance d'achat du dollar, exprimé en cents d'avant-guerre.

La concordance serait d'ailleurs plus exacte si la stabilisation était réalisée. Car, plus les prix, et par conséquent les indices, varient eux-mêmes, plus les indices diffèrent entre eux.

Il n'en est pas moins désirable de choisir le meilleur indice possible, et des études techniques complémentaires sont nécessaires à cet effet. Une fois résolu le problème de la meilleure catégorie d'indices, il faudra étudier, pour l'indice choisi, la meilleure constitution possible. Quelle qualité de marchandises devrait être choisie comme type de chaque genre de marchandise ? Quelle serait la meilleure méthode de « compensation », c'est-à-dire d'établissement des proportions entre les diverses quantités de marchandises composant l'indice ? Quelle serait la meilleure ou les meilleures bases de comparaison ?

Autre problème : notre indice doit-il être international et comprendre des marchandises représentatives de tous les pays ?

Dernier problème enfin : l'indice choisi devra-t-il être maintenu absolument stable ? ou des prix s'élevant ou diminuant doucement seraient-ils préférables ? Faut-il tenir compte, notamment, du revenu réel par tête d'habitant ? Le doyen David Kinley a suggéré autrefois que. la meilleure unité serait une certaine fraction fixe du revenu de la nation. Cela impliquerait un niveau des prix baissant doucement au fur et à mesure des progrès de la production.

Tous ces problèmes sont dignes d'étude, mais le -vrai problème actuel est de se débarrasser des grandes fluctuations. Le détail viendra plus tard, à mesure que nous posséderons les données nécessaires.

Aucun indice particulier n'a rallié jusqu'à présent la faveur générale. A l'assemblée de l'Association pour la Monnaie stable, à Washington, en décembre 1927, le Dr Maurice Leven a donné lecture d'une enquête qu'il avait faite à ce sujet. Au questionnaire qu'il avait adressé à plusieurs centaines d'économistes, 252 sur 281 avaient répondu qu'ils « considéraient la stabilisation des prix comme une question de très grande importance » ; 176 sur 262, qu'il fallait adopter l'indice « général » ; 59 se prononçaient en faveur des prix de gros et 13 en faveur des prix de détail ; sur 270, 88 préconisaient le contrôle du crédit, 70, le « dollar compensé », 27 donnaient des réponses vagues ou se récusaient, 53 avouaient qu'aucun plan ne les satisfaisait, 21 faisaient des suggestions diverses et 11 étaient opposés à toute espèce de plans.

Le meilleur projet sera un projet pratique qui, prenant le monde comme il est, avec toutes ses traditions, ses préjugés, toutes les demi-mesures déjà essayées, permettra de se rapprocher pas à pas de la stabilisation la plus complète et la plus universelle possible.

BIBLIOGRAPHIE

Voici 87 livres ou articles, choisis parmi les centaines d'articles et de livres traitant le sujet de l'instabilité monétaire. Toutes les nuances de l'opinion y sont représentées. On y retrouvera les citations données par le présent ouvrage.

Chaque liste est composée suivant l'ordre chronologique.

LIVRES ET BROCHURES AMÉRICAINS

FISHER, IRVING. *Stabilizing the dollar,* New-York, Macmillan, 1920, XLIX, 305 pages.

SCUDDER, STEVENS et CLARK. *Investment Counsel.* New-York, Scudder, Stevens et Clark, 1922, 48 pages, nouvelle édition, 1927.

STROVER, CARL. *Monetary Reconstruction,* Chicago, 133 West Washington St., 1922, 91 pages.

CHAMBRE DES REPRÉSENTANTS DES ÉTATS-UNIS, discussion du projet de loi Goldsborough devant la commission des banques et de la monnaie à la Chambre des, Représentants, 67e congrès, 4e session, 11788, partie I, pages 1-125. partie II, pages 125-164. Washington, Imprimerie officielle, 1923.

BECKHART, B. H. *The Discount Policy of the Federal Reserve System,* New-York, Henry Holt et Cie, 1924, 604 pages.

SMITH, EDGAR LAWRENCE. *Common Stocks as Long Term Investments,* New-York, Macmillan, 1924, IX, 129 pages.

CARR ELMA B. Bulletin du bureau de statistiques du travail aux États-Unis, Ne 369. L'emploi des chiffres du coût de la vie pour l'ajustement des salaires. Washington, Imprimerie officielle, 1925, V, 506 pages.

GRAHAM, MALCOLM. *An essay on Gold Showing Its Defects as a Standard of Value and Suggesting a Substitute Therefor,* avec une traduction de *The Death of gold* par Gugliemo Ferrero, Dallas, Texas, Hargreaves Printing Cie, 1925, 198 pages.

CHAMBRE DES REPRÉSENTANTS DES ÉTATS-UNIS. Discussion du projet de loi Goldsborough devant la commission des banques et de la monnaie à la Chambre des Représentants, 68e congrès, première session, 494, Washington, Imprimerie officielle, 1925, 94 pages.

VAN STRUM KENNETH. *Investing in Purchasing Power.* Boston, Barron's 1925, 248 pages.

KEMMERER, E. W. Rapports soumis par la commission des experts financiers américains, Cartes et figures, rapport sur la stabilisation du Zloty, pages 3-48, Varsovie, Ministère des Finances, 1926, 364 pages.

DICK, ERNST. *The interest Standard of Currency.* Boston et New-York, Houghton Mifflin Cie, 1926, 286 pages.

SODDY FREDERICK. *Wealth, Virtual Wealth and Debt,* New-York, E. P. Dutton et Ce, 1926, 320 pages.

BURGESS W. RANDOLPH. *The reserve Banks and the Money Market.* New-York, Harper and Brothers, 1927, XXI, 328 pages.

CHAMBRE DES REPRÉSENTANTS DES ÉTATS-UNIS. Stabilisation.

Discussion du projet de loi Strong devant la commission des banquets et de la monnaie à la Chambre des Représentants, 69e Congrès, 1re session, 7.895, partie I, pages 1-631 ; partie II, pages 633-1145, Washington, Imprimerie officielle, 1927.

JOURNAUX AMÉRICAINS :

NEWCOMB, SIMON. *The Standard of Value.* The North American Review, septembre 1879, pages 234-237. New-York, North American Review Corporation 1879.

CLARK, J. M. *Possible Complications of the Compensated Dollar,* American Economic Review, septembre 1913, pages 576-588, Cambridge, Mass., American Economic Association. 1913.

FISHER, WILLARD C. *Tabular Standard in*

Massachussetts History. Quarterly Journal of Economics, mai 1913, pages 417-451, Cambridge, Mass., Harvard University Press, 1913.

TAUSSIG F. W. *The plan for a compensated Dollar,* Quaterly Journal of Economics, mai 1913. Pages 401-416, Cambridge, Mass., Harvard University Press 1913.

FISHER, IRVING. *Objection to a compensated dollar Answered.* American Economic Review, Décembre 1914, pages 818-839, Cambridge, Mass., American Economic Association, 1914.

TINNES D. J. *An American standard. of Value.* American Economic Review, juin 1919, pages 263-266, Cambridge, Mass., American Economic Association, 1919.

ASSOCIATION DES BANQUIERS AMÉRICAINS. Rapport de la commission instituée par l'association des banquiers américains pour l'étude de la monnaie sur le plan imaginé par le docteur Irving Fisher pour la stabilisation du dollar. Journal de l'association des banquiers américains, novembre 1920, pages 239-240, New-York American Bankers Association, 1920.

ANDERSON B. M. Jr. *The Fallacy of « The stabilized Dollar »* Chase Economic Bulletin, août 1920, pages 1-16. New-York, Chase National Bank of the City of New-York, 1920.

SNYDER, CARL. *The Stabilisation of Gold, A Plan,* American Economic Review, Volume XIII, pages 276-285, Cambridge, Mass., American Economic

Association, 1923.

FOSTER, WILLIAM T. AND CATCHING, WADDILL. Business,

Conditions and Currency Control, Harvard Business Review, Volume II, pages 268-281, Cambridge, Mass., Harvard Economic Service, 1924.

ANDERSON B. M. Jr. *The Gold Standard Versus « A Managed Currency »*, Chase Economic Bulletin, Volume V, pages 3-39, New-York, Chase National Bank de New-York, 1925.

BURGESS. W. R. *What the Federal Reserve System hasdone to our Currency.* American Bankers Association Journal, Volume XVII, pages 599-601, New-York American Bankers Association, 1925.

BURGESS W. R. How *the Mechanism of the Federal Reserve Prevented a Gold Inflation* American Bankers Association Journal, Volume XVII, pages 729-31. New-York American Bankers Association, 1925.

FISHER, IRVING. Our Unstable Dollar and the So-Called Business Cycle. Journal of the American Statistical Association, Juin 1925, pages 179-208, Concord, New, Hampshire, Rumford Press, 1925.

SHAW, A. VERE, *Elements of Investment Safety.* Harvard, Business Review, Juillet 1925, pages 447-455, Chicago, A. W. Shaw Co, 1925, tirage à part.

WILLIS, H. PARKER. *The Present Relationship between*

Credit and Prices, débat de l'Académie des Sciences politiques et sociales, janvier 1925, pages 111-131. Philadelphie, Pa., Academy of Political and Social Science, 1925.

FISHER, IRVING. *The Greatest Public Service Organization in the World,* American Bankers Association, décembre 1926, pages 438-440, New-York American Bankers Association, 1926, tirage à part.

LOMBARD NORMAN. *Judicial Salaries and the General Price Level,* Illinois Law Review, Volume XXI, pages 312-315, Chicago Ill., Northwestern University Press, 1926.

COMMONS JOHN R. *Price stabilization and the Federal Reserve System.* The Annalist, 1er avril 1927, pages 459-462, New-York, New-York Times Publishing Company, 1927.

KING WILLFORD I. *The Movement for Sound Money.* Burroughs Clearing House, Octobre 1927, pages 5-7, 44-51, Detroit, Mich., Burroughs Adding Machine Co., 1927.

COMMONS JOHN R. *Form Prices and the Value of Gold,* North American Review, janvier 1928, pages 27-41, février 1928, pages 196-211, New-York, North American Review Corp., 1928, tirage à part, 32 pages.

ROBERTS GEORGE E. *The Gold Movement and its Effect on Business,* Forbes Magazine, 1er février 1928, pages 18-20, 40, New-York, B. C. Forbes Publishing Company, 1928.

STRONG JAMES G. *Discours à la Chambre des Représentants,* 17 mars 1928, pages 5098-5103, Congressional Record, Washington D. C., 17 mars 1928.

HARWOOD *E. C. The probable Consequences to our Credit structure of continued Gold Export.* The Annalist, 23 mars 1928, pages 523-24.

Du BRUL, ERNEST *F. Unintentional Falsification of Accounts,* National Association of Cost Acountants Bulletin, Volume IX, pages 1035-1058, New-York National Association of Cost Accountants, 1928.

SATURDAY EVENING POST, Editorial, *Income Versus Purchasing Power,* Curtis Publishing Co., Philadephie, 7 avril 1928.

LIVRES ET BROCHURES ÉTRANGERS :

NICHOLSON J. SHIELD. *Inflation,* Londres, P. S. Ring et Son Ltd, 1919, IV. 143 pages.

CASSEL, GUSTAV. *The World's Monetary Problems :* deux mémoires pour la Société des Nations, Londres, Constable et Co 1921, 154 pages.

CASSEL, GUSTAV. *Money and Foreign Exchange after* 1914, New-York, Macmillan, 1922, VI, 287 pages.

BELLERBY, J. R. *Control of Credit as a Remedy for Unemployement,*

Londres, P. S. Ring et Son, Ltd., 1923, 120 pages.

HAWTREY R. G. *Monetary Reconstruction.* Londres, Longmans, Green et Co, 1923, vil, 147 pages.

LEHFELDT, R. A. *Restoration of the World's Currencies,* Londres, P. S. King et Son, Ltd., 1923, XI, 146 pages.

BUREAU INTERNATIONAL DU TRAVAIL, *Chômage 1920-1923,* études et rapports, Séries C. no 8, Genève 1924, 154 pages.

KEYNES John Maynard. *Monetary reform,* New-York, Harcourt, Brace et Co, 1924, VIII, 227 pages.

BELLEREY J. R. *Monetary stability,* Londres, Macmillan et Co., 1925, 174 pages.

GESELL, SILVIO, *Die natuerliche Wirtschaftsordnung durch Freiland und Freigeld,* Eden-Oranienburg près de Berlin, Freiland-Freigeld Verlag, 6e édition, 1925, 408 pages.

L'édition américaine devait être publiée dans le courant de 1928. KATZENELLENBAUM S. S. *Russian Currency and Banking* 1914-1924.

P. S. King and Son Ltd., Londres, 1925, 198 pages.

CANNAN, EDWIN. *Money, its* Connexion w*ith Rising and Falling Prices,* 5e édition révisée, Londres P. S. King and Son, 1926, 120 pages.

CASSEL, GUSTAV. *Das Stabilizierungsproblem oder der*

Weg zu einem festen Geldwesen (traduit en anglais par Max Mehlen), Leipzig, G. Gleoekner, 1926, 146 pages.

Fuss, HENRI. *La prévention du chômage et la stabilisation économique,* Bruxelles, l'Églantine, 1926, 140 pages.

HARGREAVES E. *Restoring Currency Standards.* Londres, P. S. King et Son Ltd., 1927, XX, 438 pages.

FOA BRUNO. *Influenze Monetarie sulla Distribuzione delle Riechezze,* Naples, Societa Editrice Dante Alighieri di Albrighi, Segati et Ciem 1927, 146 pages.

LAZARD, MAX. *Rapport sur les travaux de la Commission d'Experts Financiers chargés d'étudier la question du Contrôle International du Crédit,* Paris, imprimerie Berger-Levrault, 1927, 28 pages.

OBLATH, A. *Problemi attuali della politica del credito,* Trieste, Industrie grafiche italiane, 1927, 190 pages.

PIGOU A. *Industrial Fluctuations,* Londres, Macmillan et Co., 1927, XXII, 397 pages.

SCHACHT, HJALMAR, *The Stabilization of the Mark* (traduit de l'allemand), New-York, The Adelphi Co., 1927, 247 pages.

VERNON LORD. *Coal and Industry the Way to Peace,* Londres, Ernest Benn Ltd., 1927, 40 pages.

HAWTREY R. C. *Currency and Credit, New-York,* Long mans, Green and Co., 3e edition, 1928, VII, 477 pages.

MAC KENNA, RÉGINALD, Discours prononcé à l'Assemblée des banques réunies de la cité de Londres et des Midland, 24 janvier 1928, Londres, Blades, East and Blades, 1928, réimprimé aux Etats-Unis, Congressional Record du 24 février 1928, p. 3683, Washington D. C. 1928.

Voir aussi les autres discours annuels aux actionnaires.

JOURNAUX ÉTRANGERS :

MARSHALL, ALFRED. *Remedies for Fluctuations of General Prices.* The contemporary Review, mars 1887, page 371, Londres, Contemporary Review Co., 1887, réimprimé dans les Mémoires d'Alfred Marshall, pages 188-211, Londres, Macmillan et Co., 1925.

WILLIAM, ANEURIN. A « *Fixed Value of Bullion* » *Standard,* *a* proposal for Preventing General Fluctuations in Trade, Economic Journal, juin 1892, pages 280-289, GRIFFIN, Sir Robert, *discussion, Fancy Monetary Standard,* pages 463-471. WILLIAMS, ANEURIN, *réplique,* pages 747-749, Londres, Macmillan et Co., 1892.

BOISSEVAIN G. M. *Een Ideale Waarde-Standaard,* de Economist, 1913, pages 441-473, La Haye 1913.

MARCH, LUCIEN. *Un projet de stabilisation des prix.* *Com*munication à la Société de statistiques de Paris le 15 janvier 1913. Réimpression du journal de cette société, pages 10-24. Discussion par Edmond Théry, G. Roulleau, Aug. Deschamps, Adolphe Landry, Lucien

March, Irving Fisher.

ZEUTHEN *F. Irving Fisher's Forslag til Prisniveauets Stabilisering.* Nationalokonomisk Tidskrift, juillet-août 1913, pages 350-364, Copenhague, 1913.

CASSEL, GUSTAVE. *The stability of the Gold Standard,* rapport trimestriel, Skandinaviska Kreditaktiebolaget, octobre 1924, pages 53-64, Stockholm, Suède, P. A. Norstedt och Söner, 1924.

LEWIS, GILBERT N. *A plan for Stabilizing Prices,* Economic journal, volume XXXV, pages 40-46, Londres, Macmillan et Co., 1925.

CASSEL, GUSTAVE. *The shortage of Gold,* rapport trimestriel Seandinaviska Kreditaktiebolaget, octobre 1926, pages 49-52, Stockholm, Suède, P. A. Norstedt och Söner, 1926.

FISHER, IRVING. *A statistical Relation between Unemployment and Prices Changes.* Revue internationale du travail, Volume XIII, pages 785-792, Genève, Suisse. Bureau International du Travail, 1926, tirage à part.

Fuss, HENRI. *Le chômage en* 1925. Revue internationale du travail, Volume XIV, pages 203-231, Genève, Suisse, Bureau International du Travail, 1926, tirage à part.

MAC KENNA, REGINALD. *The transition to Gold.* Midland Bank Limited Monthly Review, janvier-février 1926, page 1-5, Londres, Midland Bank Limited 1926.

[]{}

CASSEL, GUSTAVE. *The Connection between the Discount Rate and the Price Level.* Rapport trimestriel, Scandinaviska Kreditaktiebolaget, octobre 1927, pages 61-64, Stockholm, Suède, P. A. Norstedt och Söner, 1927.

D'ABERNON, RT. HON, VISCOUNT. *German Currency, its Collapse and Recovery,* 1920-1926. Discours présidentiel à la Société Royale de Statistiques, 1926, Journal of the Royal Statistical Society, Volume. XC, pages 1-40, Londres, Royal Statistical Society, 1927, tirage à part, 40 pages.

Fuss, HENRI. *Monnaie et Chômage.* Revue Internationale du Travail, Volume XVI, pages 601-617, Genève, Suisse, Bureau International du Travail, 1927, tirage à part.

HANTOS E. *Die Kooperation der Notenbanken im Dienste der Konjunkturpolilik,* Bank-archiv, 1er octobre 1927.

MAC KENNA, REGINALD. *American Prosperity and British Depression,* Midland Bank Limited Monthly Review, janvier-février 1927, pages 1-6, Londres, Midland Bank Limited, 1927.

MIDLAND BANK LIMITED MONTHLY REVIEW. *The course of Gold Values,* mai-juin 1927, pages 1-6, *The problem of Gold Values, Regulating demand or supply,* juin-juillet, 1927, pages *1-5. The problem of Gold Values, national and international stabilisation projects,* juillet-août 1927, pages *1-5, Stabilizing the Value of Gold, A Scheme of Anglo-American Collaboration,* août-septembre 1927, pages

1-5, London Midland Bank Limited, 1927.

OHLIN, BERTIL. *The future of the World Price Level.* *In*dex, juin 1927, pages 2-9, Stockolm, Suède, Svenska Handelsbanken, 1927.

OSTERBERG S. E. *The Standardizing Movement of To-Day.* Index no 22, octobre 1927, pages 2-9, Stockholm, Suède, Svenska Handelsbanken, 1927.

TAUCHER W. *Banknotenpolitik und Konjunktur und Krise* Jahrbuecher fur Nationaloekonomie und Statistik, janvier 1927, pages 1-38.

CASSEL, GUSTAV. *The Influence of the United States on the World Price Level,* rapport trimestriel, Skandinaviska Kreditaktiebolaget, janvier 1928, pages 1-5, Stockholm, Suède, P. A. Norstedt och Söner, 1928.

D'autres articles importants sur la stabilisation peuvent être trouvés dans presque tous les numéros de ce périodique depuis 1920 jusqu'à aujourd'hui.

WIGGLESWORTH F. *Gold and Stability.* Contemporary Review, avril 1928, pages 478-483, The contemporary Review Co Ltd, Londres, 1928.

L'OPINION DES AUTRES

Voici quelques citations propres à intéresser nies lecteurs et qui sont, pour la plupart, empruntées au recueil d'opinions publié par l'Association pour la Monnaie Stable, 104, 5ème avenue, New-York.

Chamberlain, Lawrence. *The principles of Bond Investments, 1911* :

Pour les prêts à long terme, la question de l'intérêt fixe implique un problème plus profond que la certitude et la régularité des paiements : c'est le futur pouvoir d'achat ,de la monnaie... Il serait convenable, que le prêteur pût, par une certaine méthode de comptabilité, exiger un intérêt de tant % exprimé en pouvoir d'achat actuel des Objets nécessaires à la vie (p. 17).

Mott, Howard S., vice-président de la Banque Nationale Irving de New-York, mai 1920 :

Tous les changements violents, prolongés ou étendus, , dans le niveau général des prix, créent probablement plus de misère humaine que tous les autres maux réunis.

Miller A. C., membre de la Centrale de Réserve Fédérale, à la conférence plénière des Présidents et gouverneurs des Banques de Réserve Fédérale, Washington D. C., 26 octobre 1921 :

Notre devoir est d'éviter la déflation tout comme l'inflation. Par inflation, je veux dire un excès de crédits aboutissant à la montée générale des prix. Par déflation, je veux dire une restriction du crédit aboutissant à la chute des prix. Une bonne politique des affaires et du crédit s'efforcera de passer à peu près à égale distance de ces deux écueils.

Cassel, Gustav, *Money and Foreign Exchange after 1914*, New-York, Macmillan, *1922* :

Parmi les qualités que l'on exige d'un système monétaire, la stabilité est la seule qui soit vraiment importante pour promouvoir le commerce et le bien-être général ,(p. 254).

Toutefois, le maintien d'une valeur à peu près fixe de l'or est un problème essentiel. Il est vrai que la valeur de l'or comme celle de toutes les autres marchandises est déterminée par l'offre et la demande. Mais il n'en faut pas déduire que nous ne pouvons exercer aucune influence sur la valeur de l'or. L'offre de ce métal dépend en somme des stocks d'or dès maintenant accumulés et de sa production annuelle, laquelle est à son tour affectée dans une certaine mesure par le pouvoir d'achat de l'or, mais déterminée pour le reste par les conditions naturelles. D'autre part nous pouvons exercer une influence considérable sur la demande de l'or, ou du moins sur cette part importante de la demande que l'on appelle généralement la demande monétaire... Pour aboutir à quelque stabilité dans la valeur de l'or, il est absolument essentiel que les Banques Centrales s'entendent pour limiter leurs achats d'or à un chiffre convenable, constamment adapté à l'état du marché. A l'avenir, cette adaptation des achats sera l'article principal de la politique de l'or des Banques Centrales. Le but essentiel du maintien des réserves d'or sera la stabilisation du marché de l'or dans le monde qui peut être produite grâce à ces réserves (pp. 263-264).

Filène Edward *A., New-York World, 21* mai *1922 :*

Il se peut que la stabilisation du pouvoir d'achat du dollar selon le programme exposé par certains économistes vienne un jour aider à résoudre le problème des faux salaires. Une solution scientifique est hautement désirable.

Emprunté aux résolutions de la Conférence Économique de Gênes, *1922 :*

L'objet de la convention serait de centraliser et de Coordonner la demande d'or et d'éviter ainsi ces grandes fluctuations dans le pouvoir d'achat de l'or.

Goldsborough, Honorable T. Alan, membre du Con*grès, à* la Chambre des Représentants, *23* mai *1922 :*

Je crois fermement que le pouvoir d'achat de la monnaie peut être stabilisé. La solution, dès qu'elle aura été trouvée, apparaîtra très simplement et elle sera bientôt incorporée dans la législation.

Mac Kenna, Très Honorable Reginald, président de la Joint City et Midland Bank, *à* l'assemblée annuelle de janvier *1922 :*

La vérité, naturellement, c'est que l'inflation et la déflation sont également nuisibles. C'est la stabilité qu'il nous faut, la normale également éloignée de ces deux maux. Une fois obtenue la stabilité des prix, le commerce jouira d'un fondement assuré.

Association des banquiers de l'Iowa, à leur réunion de Ames, Iowa, *1923 :*

Le devoir évident de la Centrale de Réserve Fédérale est d'appliquer la loi de Réserve Fédérale de manière à garantir dans l'avenir la nation contre toute inflation et déflation, et nous approuvons de tout cœur tous les efforts sincèrement faits en vue de trouver et mettre en vigueur les meilleures méthodes législatives pour maintenir le pouvoir d'achat de la monnaie.

Snyder, Carl, économiste de la Banque de Réserve Fédérale de New-York, dans *l'American Economic Review,* juin *1923.*

Cette série effrayante et infinie de grèves, de conflits du travail, de lock-out, d'arrêts des transports, devrait prendre fin. Presque toutes les grèves et les conflits du travail proviennent d'un changement intervenu dans le pouvoir d'achat de la monnaie et si ce pouvoir d'achat devient à peu près stable, la plupart de nos troubles ouvriers disparaîtront. Alors s'ouvriraient des perspectives favorables au talent de nos inventeurs et de nos ingénieurs, à l'efficacité productive de nos industriels, qui se trouveraient dès lors en état d'augmenter largement le produit horaire du travail humain ; d'assurer une répartition plus équitable des marchandises ; de varier et d'alléger le labeur individuel.

Strong, Benjamin, Gouverneur de la Banque de Réserve Fédérale de New-York, dans le *Collier's Weekly* de 1923.

Les conflits du travail ne sont guère sérieux, prolongés ou violents que lorsqu'ils ont pour origine une demande de compensation, presque toujours motivée par une hausse des prix. En période de baisse de prix en effet, l'État s'en tire en émettant du papier monnaie ou en accordant des subsides à telle ou telle industrie.

Ainsi, la condition essentielle de la tranquillité industrielle et nationale réside dans une stabilité raisonnable des prix, telle que celle qui a existé entre 1909 et la fin de 1915. Je crois, avec M. Henry Ford, que le principal désir de la grande masse de nos ouvriers, c'est la sécurité de leur emploi et un salaire constant en pouvoir d'achat.

Zimmerman, Dr Alfred, Commissaire général de la Société des Nations à Vienne, dans une interview relatée par la presse du 29 octobre 1923 :

La confiance reviendra lorsque l'inflation aura finalement disparu, grâce à une saine administration financière et à la stabilité de la monnaie.

Alexander James S. résident de la National Bank of Commerce, New-York, dans son discours annuel aux actionnaires, le 8 janvier 1924 :

Certaines personnes croient que la prospérité ne peut être assurée que par la hausse des prix, mais la véritable prospérité dépend de la stabilité des prix :

Beckart B. H., *Discount Policy of the federal System,* Henri Holt and CI,, New-York, 1924 :

Les Banques de Réserve Fédérale n'ont pas été instituées simplement pour empêcher les paniques monétaires ou pour alléger la tension qui se produit sur le marché de la monnaie à chaque automne, bien que ces buts aient d'ailleurs été atteints. Elles n'ont pas été organisées pour permettre aux banques affiliées de réescompter avantageusement leurs valeurs. Elles ne sont pas des marchandes de crédit en gros. Leur fonction essentielle est de promouvoir la stabilité des prix et par conséquent celle de la vie économique de la nation. (p. 538)

Fister W. T., directeur de la Fondation Pollak, et Catching Waddill, de la compagnie Goldman et Sachs, dans la *Harvard Business Review,* avril 1924 :

Ainsi, la principale qualité nécessaire à la monnaie, c'est la stabilité et cette stabilité n'est pas produite par le hasard. A défaut d'autres preuves, l'histoire des cinq dernières années aux États-Unis nous convaincrait que le pays n'est pas garanti contre l'inflation par un certain pourcentage de réserve ou parce que les crédits accordés par les banques sont restreints « aux légitimes exigences des affaires » ou aux « besoins ordinaires de l'industrie »... Il y a au moins quatre raisons impérieuses qui nous obligent à prendre des mesures immédiates en vue d'assurer, par une politique consciente, la stabilité du dollar.

Keynes, John Maynard, « Gold in 1923 », *The New Republic,* 27 février 1924 :

La réforme monétaire a deux buts : remédier au cycle du crédit et diminuer le chômage en même temps que tous les maux de l'incertitude ; ensuite, lier l'étalon monétaire à la valeur des principaux articles de consommation et non à celle d'un métal, de splendeur orientale, il est vrai, et à qui les directeurs de banque égyptiens et chaldéens attribuaient des propriétés magiques, mais, pour le reste, peu utilisable par lui-même, et précaire quant à ses perspectives d'avenir. (p.

11.)

Wolff, Dr Franck A., Bureau des étalons de mesure, Washington D. C., parlant devant la Commission des banques et de la monnaie, à la Chambre des Représentants, le *26* février *1924 :*

L'une des principales difficultés avec lesquelles le bureau du budget doit lutter et sur laquelle il n'a aucun pouvoir direct, est l'instabilité des prix.

D'Abernon, très Honorable vicomte, *German Currency ; Its Collapse And Recovery, 1920-1926,* Société Royale de Statistique, Londres *1926 :*

Il y a une sorte de justice ironique dais le fait que les classes de l'Allemagne qui finalement ont le plus souffert de l'inflation, sont justement celles qui s'y montraient au début le plus favorables. Elles s'imaginaient que des emprunts contractés à une certaine date et remboursables six mois plus tard en papier seraient bien faciles à rembourser et poussaient à une émission toujours plus abondante de billets. Un phénomène monétaire qui rendait possible des affaires aussi agréables ne leur paraissait, ni blâmable dans ses causes, ni tout à fait malfaisant dans ses effets. Leur calcul restait juste tant que la dépréciation demeura modérée. Mais quand vint la catastrophe finale, tous les profits réalisés par leur astuce. furent anéantis et les émissions excessives qu'ils avaient favorisées aboutirent à la confiscation d'une si grande partie de leur fortune que leurs gains' temporaires furent anéantis avec le reste. (p. 38.)

Hoover Herbert, Secrétaire du Commerce, *The World's Work,* janvier 1926 :

Ce que nous attendons tous de ce système économique, c'est une plus grande stabilité, la sécurité des emplois et des affaires...

Rovensky Jolin I., discours de prise de fonctions, au dîner annuel de l'Association pour une Monnaie Stable, à Saint-Louis, 30 décembre *1926 :*

Le problème économique le plus immédiatement urgent, c'est la stabilisation du pouvoir d'achat de la monnaie. Ce problème s'étend au monde entier ; il est plus aigu dans certains pays que dans d'autres, mais il existe partout.

C'est avec joie que nous voyons tous les États revenir plus ou moins vite à l'étalon d'or, qui donnera à la monnaie un pouvoir d'achat plus stable que les expédients variés qui ont été adoptés pendant la guerre. Mais il est évident que l'adoption, même universelle, de l'étalon d'or ne nous ramènera qu'à la situation monétaire qui prévalait avant la guerre. Nous désirons obtenir une stabilité plus grande que celle qui peut être assurée par le choix, comme étalon monétaire, d'une seule marchandise, d'un métal, dont la production, la distribution et l'usage sont sujets à des variations d'une importance effroyable.

Strong, Honorable James G. membre du Congrès, dans un discours fait à la Chambre des Représentants, le *20* février *1926 :*

A mon avis, le temps est venu où le Congrès des États-Unis, à qui est confié l'exercice du pouvoir de battre monnaie et d'en régler la valeur, devrait se déclarer en faveur de la stabilité. Voici l'époque favorable, dans l'histoire du monde, où peut être atteinte la stabilité dont nous avons besoin. Les deux tiers de l'or du monde sont en notre pouvoir et cela nous permet de réaliser la stabilité des prix exprimés en or.

En 1913, le projet de loi de Réserve Fédérale du sénateur Owen comportait une clause prescrivant au Système de la Réserve Fédérale de « promouvoir la stabilité des prix ». On m'indique même que ce membre de phrase fut introduit dans le projet après son approbation par le Président et ses conseillers financiers. Mais la guerre allait avoir lieu, et les peuples n'étaient pas encore arrivés au stade nécessaire pour ce grand progrès économique. Maintenant au contraire, les temps sont mûrs.

Millis H. Parker, discours présidentiel à l'Association pour une Monnaie Stable à Saint-Louis, 30 décembre 1926 :

La réforme ainsi proposée est si importante qu'il convient d'éviter à son égard tout excès de langage. La stabilisation du pouvoir d'achat de la monnaie n'amènera pas une ère paradisiaque, mais elle diminuera grandement quelques-uns des maux les plus graves qui sont la suite de la présente instabilité. Montrer au public l'origine de ces maux, convaincre nos concitoyens que la stabilisation peut au moins les alléger, voilà la tâche fondamentale de notre mouvement... Oui, on commence à se rendre compte des dommages causés par la fluctuation des prix et à comprendre, à la fois, la nécessité d'un remède et la possibilité de le découvrir.

Ford, John, juge à la cour suprême de l'État de New-York, 15 décembre 1927 :

... Pendant près d'un demi-siècle, j'ai soutenu l'opinion que la fluctuation des prix, conséquence de notre mauvaise méthode de circulation monétaire, formait l'un des maux les plus graves de l'humanité et que, si les nations en ont souffert si longtemps, c'est parce qu'on n'a pas compris le rapport entre les prix généraux et le volume de la monnaie.

Kemmerer, professeur E. W., à une réunion de l'Association pour une Monnaie Stable, décembre 1927 :

... Tôt ou tard, il faudra, soit stabiliser l'étalon d'or, soit inventer un autre étalon monétaire qui le remplacera.

Dans toute l'organisation économique actuelle, il n'y a probablement pas de défaut plus grave que l'emploi, comme unité de valeur, non pas d'une valeur fixe, mais d'un poids fixe d'or de valeur très variable. En un peu moins d'un demi-siècle, aux États-Unis, nous avons vu notre mètre monétaire, le dollar d'or, monter de 27%, de 1879 à 1896, puis tomber de 70%, de 1896 à 1920, pour se relever ensuite de 56%, de 1920 à 1927. Autrement dit, notre yard, de 36 pouces en 1879, (année du retour à l'étalon d'or) mesurait 46 pouces en 1896, 13 1/2 en 1920, et 21 aujourd'hui.

Lazard, Max, rapport sur les travaux de la Commission d'experts financiers chargés d'étudier la question *du* contrôle international du Crédit, 14-18 septembre 1927, Vienne :

L'expérience acquise jusqu'ici révèle une coïncidence marquée entre la hausse du niveau général des prix et la prospérité, tandis que les mouvements de baisse coïncident plutôt avec les périodes de dépression...

Le pouvoir d'achat de la collectivité dépendant essentiellement du volume général du crédit, l'objectif proposé semblerait pouvoir être atteint en restreignant l'emploi des instruments de crédit quand l'indice des prix tend à monter, et en l'intensifiant quand cet indice tend à descendre...

La commission estime hautement désirable que tous les groupements nationaux de l'Association s'appliquent à dégager les possibilités de mise en pratique, dans leurs pays respectifs, des principes ci-dessus indiqués, et s'efforcent, dans les limites de ces possibilités, d'en poursuivre l'application effective.

Elle recommande que des démarches soient faites auprès des Gouvernements pour obtenir la nomination de Commissions officielles d'enquête sur le niveau général des prix et sur les moyens de le régulariser.

Midland Bank limited Monthly Review, « Le problème de la régularisation de l'offre et de la demande des valeurs-or », Londres, juin-juillet 1927 :

L'histoire prouve que, hormis peut-être les guerres et

l'intolérance religieuse, aucun facteur n'a produit plus de misères et de désastres que le haut degré de variabilité de niveau général des prix. Cela peut paraître étonnant, mais cela résulte clairement du cours des événements dans les divers pays depuis que la monnaie est devenue un élément important dans la vie des sociétés civilisées. Après la paix internationale et intérieure, rien n'est plus désirable que la stabilisation des prix.

Pigou, professeur *A. C.*, *Industrial Fluctuations*, Macmillan and Co., Londres 1927 :

À mon avis, si l'on parvenait à stabiliser les prix, l'amplitude des fluctuations industrielles serait considérablement réduite. Elle pourrait être diminuée de 50%, mais n'en resterait pas moins considérable. (p. 98.)

Vernon, Lord, *Coal and Industry the Way to Peace*, Ernest Benn, Londres 1927 :

S'il est vrai que la valeur de la monnaie peut être élevée ou abaissée, il devient possible, grâce à cette faculté, de lui garder une valeur constante dans des limites raisonnables...

On indique souvent, d'une manière vague et mystérieuse, que les banques centrales font ce qu'elles veulent dans ce domaine et que la Réserve Fédérale aux États-Unis et la Banque d'Angleterre ici même, si on leur en laisse la liberté, arrangeront tout au mieux dans la coulisse. Mais, d'une part, les résultats d'avant-guerre ne justifient guère, semble-t-il, ce vague optimisme ;

d'autre part, l'idée ainsi exprimée est peu démocratique et peu équitable pour l'homme de la rue, qui a le droit de savoir ce que l'on fait de la monnaie qui représente le prix de son travail. (pp. 29-35.)

Warburg, Paul M., président du comité sur les banques et la monnaie, de l'Association des Marchands de New-York, 24 mal 1927 :

Notre association partage l'opinion universellement soutenue que l'intérêt du pays exige la stabilité des prix la plus grande possible, et elle croit qu'en décidant de leur taux d'escompte et de leur politique d'achats sur le marché libre, la Centrale et les Banques de Réserve Fédérale devraient toujours avoir cet objet en vue.

... Il serait cependant dangereux de créer la fausse impression, dans le public, que le système de Réserve Fédérale serait responsable si cet idéal n'était pas atteint. Quels que soient les efforts faits par ses directeurs en ce sens, la stabilisation des prix ne peut être atteinte que par la coopération de forces qui échappent entièrement au contrôle du Système de Réserve Fédérale, non seulement aux États-Unis, mais dans le monde entier.

Mellon, secrétaire du Trésor, dans un discours de la Chambre de Commerce de Charlotte, Caroline du *Nord, 19* janvier 1928 :

Pour que nos produits puissent être exportés, il faut que toutes les nations du monde rétablissent leurs finances sur une base saine. C'est alors seulement que le monde des affaires pourra calculer d'avance le prix qu'il doit payer pour les matières premières et le prix qu'il doit demander pour les produits finis...

Il est heureux, vraiment, dans cette période troublée de l'histoire monétaire, et au moment où la responsabilité de la stabilité du monde repose si largement sur notre pays, que nous ayons, dans le système de Réserve Fédérale, un organe capable, non seulement d'exercer une importante influence en vue de la stabilité de notre propre marché monétaire, mais aussi d'aider à la reconstruction financière des pays étrangers.

Le Système de Réserve Fédérale travaille selon un programme sain et constructif. Mais il ne faut pas attendre de lui l'impossible. Il n'est pas une panacée pour tous les maux financiers et économiques dont peut souffrir le pays. Ni le Système de Réserve Fédérale, ni aucun autre système, ne peut contrôler les prix. Tout ce qu'il peut faire, est d'exercer une certaine influence, de temps en temps, sur le volume total du crédit et le taux de ce crédit. Mais le crédit, facteur important des prix, n'est pas le seul ni peut-être le principal ; et ce serait demander l'impossible au Système de Réserve Fédérale que de le rendre responsable du contrôle des prix, pour la simple raison qu'il peut exercer un contrôle limité sur le volume du crédit disponible.

Commons, John R. « *Prix* agricoles et *valeur* de l'or », *The North American Review,* janvier et février 1928 :

Le Congrès a donné au Système le pouvoir de concerter une certaine action, propre, comme on l'a vu, à contrôler la valeur de l'or et le niveau général des prix du monde, Mais il ne lui a tracé aucun programme, excepté par une vague allusion aux « besoins des affaires et du commerce » Il a ainsi, assez inéquitablement, investi la Réserve Fédérale de la responsabilité d'évaluer de temps en temps, au mieux de ses informations et de son jugement, les besoins réels du pays.

Cette absence de programme a déjà provoqué des divergences d'avis à l'intérieur du Système : doit-on, par exemple, abaisser uniformément le taux de réescompte pour aider l'Europe à acheter les produits agricoles américains, ou faut-il le maintenir à un taux élevé pour permettre aux banquiers de réaliser des profits plus considérables.

Si le Congrès avait gardé la clause contenue dans le premier texte de projet de loi sur la Réserve Fédérale, et qui donnait pour instruction générale au Système de maintenir la stabilité du niveau des prix, nous aurions joui des bienfaits d'une politique définie et publique. La crise même de 1919-1920 aurait pu être évitée par l'arrêt de l'inflation en temps utile et l'atténuation de la déflation ultérieure, comme cela est arrivé en 1923 (arrêt de l'inflation) et en 1925 (contrôle de la déflation)...

Cela ne veut pas dire que la stabilisation de la valeur de l'or modifierait, à elle seule, la marge qui existe entre les prix industriels et agricoles ou constituerait une panacée pour toutes les difficultés rencontrées Par notre agriculture ; mais elle atténuerait la violence des changements qui interviendront encore. Une valeur stable de l'or ne produit que la stabilité *moyenne* des prix et ne modifie pas nécessairement les hausses et les baisses des prix particuliers qui composent cette moyenne.

Éditorial *du Saturday Evening Post,* 7 avril *1928 :*

Voilà ce que nous ont appris les dures leçons reçues pendant la guerre par ces milliers de rentiers qui vivaient du revenu fixe de leurs bonnes obligations. Leurs coupons leur étaient payés rubis sur l'ongle, comme toujours, niais les dollars qu'ils recevaient avaient perdu la moitié de leur pouvoir d'achat. Les revenus restaient les mêmes, exprimés en dollars, mais, calculés en nourriture, en vêtements, en logements, ils étaient diminués de moitié.

Cette leçon a porté de tels fruits qu'une troisième classe de capitalistes est apparue et s'accroît constamment dont la principale préoccupation est, non plus l'augmentation du capital ni la stabilité du revenu mesuré en dollars, mais la constance du pouvoir d'achat.

Wells H. G. *Has the Money-Credit System a Mind ? The Saturday Evening Post, 5* mai *1928 :*

Le monde demande à l'organisation monétaire trois choses principales : des salaires constants, c'est-à-dire un paiement, par journée, par semaine ou par mois de travail, qui tiendra la promesse faite au travailleur. Ce salaire doit représenter un pouvoir d'achat absolument stable ; il ne doit pas s'évaporer. Si le travailleur préfère garder son salaire en réserve pour remettre à plus tard ses achats, il faut que l'argent épargné vaille, au moment où il s'en sert, ce qu'il valait au moment où il l'a gagné.

C'est seulement avec cette assurance que l'ouvrier travaillera de son mieux. Sans elle il s'irritera, il se démoralisera... Outre cette question de la sécurité du paiement, il y a la question de la sécurité des emplois...

Opinion de cent industriels britanniques, *New York Times, 27 mai 1928 :*

Les maux de l'industrie britannique ne sont pas dus au poids des impôts mais au système monétaire actuel. Telle est du moins l'opinion de cent personnes intéressées dans l'industrie, qui ont écrit à ce sujet une lettre à M. Baldwin, premier ministre. On trouve Parmi les signatures celle de Sir Auckland Geddes, ancien ambassadeur aux États-Unis, et de lord Denbigh.

Nous croyons, disent-ils, que la condition essentielle pour restaurer la prospérité des grandes industries de base dans ce pays, consiste dans un système plus stable de monnaie et de crédit et dans une méthode propre à stabiliser le niveau des prix. Cela serait beaucoup plus efficace que les expédients que le gouvernement s'est vu obligé d'adopter.

L'illusion de la monnaie stable

www.ingramcontent.com/pod-product-compliance
Lightning Source LLC
Chambersburg PA
CBHW070541200326
41519CB00013B/3087